はじめに

一生続く、"食べる"ということ。

しかしながら、「毎日毎日、料理を作るのは面倒だなぁ」
「忙しいから、お惣菜を買って帰ろうかな？」
なんて考えてしまうこと、わたしもよくあります。

"フライパンで炒めるよりも簡単な料理"を考えているとき、
『ストウブ』というお鍋に頼ってみることにしました。
すると、"無水調理"という調理法を使うことで
野菜たっぷりのからだにやさしい料理が
楽においしく作れることがわかったのです。

結婚したばかりの頃は、人を呼んでもてなしたり、
気合いを入れて手の込んだ料理を作ったりしていました。
その頃に大活躍したおしゃれで素敵なストウブは、
今は毎日の料理で"手を抜くため"に大活躍してくれています。

コツさえわかれば、フライパンで炒めるよりも簡単！
"ストウブ料理の革命！"と言ったらおおげさかもしれませんが、
火にかけたままで放っておけて
手間も調味料も省けるこのお鍋の実力を、
ひとりでも多くの方に知ってほしくてこの本を作りました。

みなさんの毎日の料理が
必ず、「楽しく！ おいしく！ 簡単！」になります。
まずはひとつ、使ってみてください。

大橋由香
（おおはし ゆか）

CONTENTS

はじめに――2
この本の決まりごと――6

Part 1
ストウブってどんな鍋?

staubの無水調理、ここがすごい!――8
staubってどんな鍋?――10

さっそく作ってみよう!

■ キャベツを使って
キャベツと鶏肉の煮込み――13
キャベツのピリ辛サラダ――16
キャベツと豆のガーリック炒め――17

staubの中はどうなってるの?――18
知っておきたい2つのコツ――20

Part 2
ストウブで野菜をおいしく!

■ 玉ねぎを使って
玉ねぎのシンプルロースト――23
玉ねぎバーグ――24
玉ねぎマリネ――25

■ にんじんを使って
にんじんロースト――27
にんじんのもちグラタン――28
にんじんの洋風きんぴら――29

■ じゃがいもを使って
和風ポテサラ――31
ぶりじゃが――32
カマンベールポテトオムレツ――33

■ ブロッコリーを使って
蒸しブロッコリー――35

■ なすを使って
焼きなすサラダ――37

■ 大根を使って
豚バラ大根――39

■ れんこんを使って
れんこんきんぴら――41

■ かぼちゃを使って
かぼちゃのそぼろ煮――43

■ さつまいもを使って
さつまいもの洋風きんとん――45

■ 小松菜を使って
小松菜のおひたし――47

■ グリーンアスパラガスを使って
グリーンアスパラガスと帆立のアヒージョ――49

■ パプリカを使って
パプリカマリネ――49

■ 里芋を使って
蒸し里芋――50

■ きのこを使って
　厚揚げきのこあん——51

■ トマトを使って
　無水ミネストローネ——52

■ 長ねぎを使って
　焦がし長ねぎポタージュ——53

Part 3
ストウブで時短レシピ！

■ パパッと蒸し
　レタスと豚肉の蒸ししゃぶ——63
　あさりとズッキーニのバター蒸し——64
　茶碗蒸し——65

■ 手間なし揚げ物
　フライドポテト——67
　フライドチキン——68
　あじと野菜の天ぷら——69

■ ほったらかし炒め
　しょうが焼き——71
　チンジャオロース——72
　焼きうどん——73

■ ほったらかし焼き
　鶏むね肉ステーキ——74
　焼きさば——75

■ ささっと魚料理
　魚介の香り蒸し——76

Part 4
ストウブで
コトコト＆さっと煮！

筑前煮——78
和風野菜のトマト煮——79
里芋の煮物——80
ひじきの煮物——81
ひき肉のスピードカレー——82
無水ポークカレー——82
肉豆腐——86
チャーシュー——87
さばのみそ煮——88
無水みぞれたら鍋——89
ツナと白菜の和風シチュー——90
自家製ツナ——90

column
ごはん料理も
ストウブにおまかせ！

白米の炊き方——54
きのこと鮭の和風炊き込みごはん——57
さつまいもの炊き込みピラフ——58
中華おこわ——58
かぼちゃのリゾット——60

staub Q&A——92
INDEX——94

この本の決まりごと

● すべて直径20cmの鍋を使うレシピです

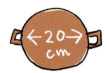

家族が多かったり、食べ盛りのお子さんがいたり、すべての方に20cmがベストなわけではありませんが、「ファーストストウブ(はじめてのストウブ)」としては、使い勝手のよい20cmの鍋がイチオシ。本書では、ビギナーのみなさんにこそ、ストウブの魅力を実感してもらいたいので、20cmで作るレシピだけを紹介しています。すでにサイズ違いをお持ちの方は、p.92の「サイズの違うストウブでも作れますか？」を参照ください。

● 鍋を初めて使うときは「シーズニング」をしましょう

ストウブを購入したら、まず「シーズニング(油ならし)」を行います。初めだけでなく、気づいたらやってあげると、鍋のもちがよくなりますが、たまに揚げ物をするだけでも、自然と油がなじみますよ。

シーズニングの方法
① 鍋を湯でよく洗って布巾などでふく。
② 油をキッチンペーパーに取り、鍋の内側に薄く塗り広げる。
③ 弱火で数分加熱し、鍋肌に油をなじませる。
④ 熱が冷めるのを待ち、余分な油をふき取る。

● 調味料や油について

[塩]
本書で使用しているのは、天然の海塩。塩味がマイルドでこくも深いので、おすすめです。精製塩は塩辛くなります。無水調理は塩加減が重要なので、毎日同じ塩を使い、「このくらいふると、このくらいしょっぱくなる」というのを覚えるのが一番です。

[油]
油は、好みの食用油(米油や菜種油など)を使ってください。ただし、オイルがおいしさの決め手になるアヒージョはオリーブ油、風味をプラスしたい場合はごま油など、油の種類によって味に差が出るレシピの場合、材料表で指定しています。

[そのほか]
本書は、基本的な調味料しか使っていないのも大きな特徴。ストウブが素材から引き出したうまみに調味料を組み合わせて味が完成します。レシピがシンプルだからこそ、調味料にこだわってみるのもよいでしょう。酢は、米酢を使用しています。

ストウブ鍋について

- 鍋は使い終わったらよく洗い、乾いた布で水けをよくふき取って保管してください。濡れたままだと、さびの原因につながります。
- 特に本体とふたの裏のフチの部分は、さび止め処理を行っていません。水けが付いていると、さびやすくなります。さびてしまったら、中性洗剤で洗浄した後で水けをふき取り、予防のために油を塗ってください。また、ストウブは製造工程上で4本の棒で支えて加工するため、支えと接する箇所(特にフチの部分)に小さな跡が残る場合がありますが、これは傷ではありません。
- 金属製のスプーンや玉じゃくし、フライ返しなどは、鍋内側の表面のエマイユ加工(ホーロー加工)に傷をつけてしまうことがあります。木製やシリコン製の調理器具を使うようにしましょう。

レシピについて

- 大さじ1=15ml、小さじ1=5mlです。
- にんにく、しょうがの1かけは10g程度です。
- 成分無調整豆乳は大豆固形分9%のもの、バターは有塩を使用しています。
- 調理時間はおおよその目安です。火加減や環境によって多少異なりますので、様子を見ながら加減してください。
- オーブンの加熱時間は目安です。メーカーによって異なりますので、様子を見ながら加減してください。
- 保存期間は目安です。冷蔵庫の開閉頻度や保存場所によって異なりますので、できるだけ早く食べきってください。
- 分量は、基本的に他におかずがあることを前提としています。ほとんどが4人分ですが、各ご家庭で調整してください。
- 野菜の調理は「洗う、皮をむく、芽を取る」などの下ごしらえは省略しています。また、個数に対する重量は目安です。

Part 1
ストウブって どんな鍋？

料理の手間が省ける！ 調味料が少なくてすむ！ 一度、使い始めたら、すっかりトリコになってしまうストウブの絶大な魅力。ほかの鍋とは、ちょっとちがう理由(わけ)を徹底解剖。無水調理で仕上げる「キャベツと鶏肉の煮込み」を例に紹介します。

毎日 使いたくなる
4つの秘密

staubの無水
（ストウブ）

1 料理の手間が省ける！

ストウブの最大の魅力、それは「無水調理」ができること。調理のほとんどを鍋に任せられるので、料理の手間が必要最低限になります。ふたをしてからは食材にさわらないので、煮くずれせずに見た目も美しく仕上がります。また、鍋の保温性が非常に高いため、余熱調理が可能。この特長を上手に使うことで、手間だけでなく光熱費もしっかりと節約。もちろん、普通の鍋としても使えるので、キッチンの相棒として太鼓判を押せるのです。

2 調味料が少なくてすむ！

無水調理は、その名の通り「水を加えない調理法」。余計な水分を加えないので、食材のうまみが凝縮されたスープが鍋の中に残ります。野菜の甘みは砂糖代わり、肉や魚のコクが味をまとめ、だしいらず。調味料も最小限に抑えられます。ただし塩は調味のためだけでなく、食材から甘みとうまみ、水分を引き出すために加えるので、むやみに減塩すると、味が決まらない上に、焦げの原因になることも。まずはレシピどおりに作ってみてくださいね。

調理、ここがすごい！

3
野菜がたっぷり食べられる！

ストウブは野菜料理も大得意。野菜だけで作るシンプルなレシピこそ、本領を発揮します。無水調理することで、野菜から出た水分は蒸気となって鍋の中に滞留し、ふたの裏にある突起物「ピコ」を伝って雨のように降り注ぎ、再び、野菜にしみ込みます。野菜に戻りきらなかった分は、おいしいスープや煮汁に。つまり、栄養素を一滴も逃さずに調理してくれるのです。同時にやわらかく仕上げてくれるので、安心でおいしいものを子どもに食べさせたい方にもおすすめ。野菜を余すことなく丸ごといただけます。

4
シンプル素材で簡単調理！

本書のレシピは、調味料だけでなく、食材も最小限にしました。ふだんからよく使う野菜や肉、魚なのに「いつものレシピより簡単でおいしい！」と実感してもらうためにストウブの力を借りています。基本的な作り方は、熱した鍋で材料を焼き付け、塩をふってふたをし、加熱するだけ。鍋にすべての材料と調味料を入れ、ふたをして加熱するだけの超簡単レシピもあります。火加減と蒸気のコツ（p.20）さえつかめば、むずかしいことはありません。きっと、毎日の食事作りに欠かせない存在になるはずです！

staubってどんな鍋？

ストウブは元々、フランスをはじめ、ヨーロッパのレストランで広く使われていました。当たり前ですが、料理人は「いい道具」しか使わず、「いい道具」を長く使います。プロの現場で活躍し続けるストウブは、じつは家庭でもおすすめしたいポイントばかりなのです。

ふた
重さがあるからこそ、鍋の中が密閉状態に。ストウブ最大の特徴である「無水調理」が可能に！

ノブ（ふたのつまみ）
ニッケル（ブラックのみ、真鍮）という金属を使用。加熱すると熱くなるので、うっかり触れてしまわないように注意。必ずミトンを使用する。ふたごとオーブンへ入れることもできる。

ピコ
ふたの裏にある、丸い突起物のこと。このピコがおいしさの秘密（詳細は次ページ）。

ピコ・ココット ラウンド
（直径20cm）

重さ：約3.6kg
容量：約2.2ℓ

持ち手
ノブ同様に熱くなるので注意。持つときは必ずミトンを使用する。

エマイユ加工（ホーロー）
ガラスを原料とするエマイユは、食材の酸に強く、長時間使用しても匂いが移りにくいのも大きな特徴。耐久性も抜群！

鍋底
すべての熱源で使用可。直火はもちろん、IHやハロゲンもOK。オーブンにそのまま入れても◎。IHは100Vと200Vに対応。

黒マットエマイユ加工（ホーロー）
鍋の内側はざらざらとしたエマイユ加工。凹凸によって表面積が増えるので油なじみがよく、食材との接点が少なくなるので焦げつきにくい。熱伝導保温性が高いのもポイント！

ストウブだから「無水調理」ができます!

無水調理なら、野菜や肉、魚など、食材の持つ水分を上手に使って煮込み料理や蒸し料理、炒め物までができ、どれもうまみたっぷりの味に仕上がります。専用の調理道具がなくても、ストウブひとつあれば、この調理法を試すことができるのです。

1 ふたが重いから…
➡うまみを閉じ込める!

ふたが重いからこそ、鍋との隙間が限りなく少なくなり、しっかりと密閉してくれます。鍋の中に、蒸気とともに香りやうまみを閉じ込めるので、おいしさを逃がしません。

2 ピコがあるから…
➡おいしさが降り注ぐ!

食材から出た水分は蒸気となって鍋の中を対流。ふたにある突起物「ピコ」を伝って、おいしさが雨のように再び食材に降り注いでしみ込みます(=アロマレイン)。

3 厚手だから…
➡余熱でどんどんおいしく!

厚手だからこそ、保温性が抜群。火を止めても、余熱で調理が進みます。じっくりと味をしみ込ませることで、おいしさがどんどん増すのです。

ストウブと合わせて使用したいキッチン道具

木べら

金属製の調理器具は、鍋の内側の黒マットエマイユ加工に傷をつけてしまうことがあるため、木製やシリコン製のものを使うようにしましょう。手になじむ、お気に入りの木べらがひとつあれば、調理する時もサーブする時も両方使えて便利です。

鍋つかみ

ノブや持ち手が熱くなるので、ミトンや厚手の布巾などは必ずストウブとワンセットに。円錐型の鍋つかみは、オリジナルのもの。ノブにぴったり合う大きさで、取っ手も持ちやすい。
※『はるひごはん』で購入可能。

鍋敷き

見た目も素敵なストウブだからこそ、そのまま食卓へ出すことでテーブルが華やぐのも大きなポイント。鍋敷きが必須です。保温性が高いので、料理が冷めにくく、しばらく熱々のままいただけますよ。

キャベツを使って

くったりキャベツが主役！
塩だけでこの味が生まれるとは信じがたい、驚きのレシピです。
塩の量は加減せずに、まずは分量どおりに試してみてくださいね。

シンプルおかず

キャベツと鶏肉の煮込み

鶏肉のうまみをたっぷり含んだコクの深いスープに、
肉と野菜のエキスがたっぷり！

●材料　4人分

キャベツ ･････････ 1/4個(250g)
玉ねぎ ･････････････ 1個(200g)
鶏もも肉 ･･･ 2枚(1枚300g前後のもの)
塩(鶏肉用) ･････ 小さじ1と1/2
塩(野菜用) ･･････････ 小さじ1/2
油 ･･････････････････ 大さじ1

1. キャベツは縦半分に切る。玉ねぎは4等分に切る。鶏肉の両面に塩小さじ1と1/2をふる。

2. 鍋に油を引き、キャベツをおく。

3. 玉ねぎをのせる。

4. 全体に塩小さじ1/2をふる。

浸透圧で水分を出しやすくするため

5. 鶏肉をのせる。

鍋の深さの半分以上、食材を入れる

6. ふたをする。

ずれないように注意！

7. 中火で加熱する。

ジュウジュウ音がしてくる

8. ふたの隙間から蒸気が出てくる。

静かになった後、蒸気が出る

9. 極弱火にして40分加熱する。

ピタッと蒸気が止まる

10.
ふたを開けるときは、ふたの裏にあるピコについた水滴を必ず鍋の中に戻し入れる。

うまみを逃しません

11.
木べらで押さえて野菜から水分がしっかり出ているようなら、具材をスープに浸かるように押し込み、ふたをして火を止める。

※無水調理がうまくいっていない場合は、野菜から水分が出ていないので、もう一度中火に戻す。蒸気が出たら弱火にし、様子を見ながら15分ずつ加熱する。

ふたをして冷ます

しっかり味がなじむ

Point
余熱を利用してもっとおいしく！

すぐに食べてもOKですが、一度冷ましてから温め直すと味がなじんでよりおいしくなります。

Memo
牛乳や豆乳、生クリームを加えると、シチュー風に。野菜にふる塩の代わりに、しょうゆ、みりん各大さじ2〜3加えると和テイストな味わいになります。柚子こしょう、七味唐辛子などを添えても。

副菜

キャベツの
ピリ辛サラダ

キャベツを油と塩だけでシンプルに蒸し、
家によくある調味料で
さっと和えていただきます。

●材料　4人分

キャベツ	1/4個(250g)
塩	小さじ1/2
油	大さじ1
A ┌ 一味唐辛子	小さじ1/2
├ 塩	小さじ1/2
├ 白ごま	小さじ1
├ 酢	小さじ1
├ しょうゆ	小さじ1
└ ごま油	小さじ1
焼きのり	1枚
貝割れ菜	適量

a　全体に塩をふる

b　ひと混ぜしてふたをする

c　全体を混ぜる

●作り方

1. キャベツは一口大に切り、ほぐしながら洗い、さっと水けをきる。
2. 鍋に油を引き、キャベツを入れる。全体に塩をふって(a)、ひと混ぜしたら(b)ふたをして中火にかける。
3. ふたの隙間から蒸気が出たら火を止め、ふたの裏の水滴を鍋に戻し入れ、全体を混ぜる(c)。
4. 再びふたをしてそのまま5分おく(おく時間を長くすると、余熱でキャベツがやわらかくなる)。バットなどに広げて粗熱を取る。
5. ボウルにAを入れ、4を加えてよく混ぜる。器に盛り、ちぎった焼きのりを散らし、貝割れ菜を飾る。

Memo

大さじ1の油がキャベツの甘みとうまみをしっかりと引き出してくれるので、塩で蒸すだけでも十分においしい1品に仕上がります。

主菜

キャベツと豆の
ガーリック炒め

具材を炒めてから蒸すことで
うまみを引き出し、食感を残しながら
やわらかく仕上げます。

●材料　4人分

キャベツ············ 1/4個(約250g)
ミックスビーンズ(ドライパック)‥100g
じゃがいも············2個(200g)
ウインナーソーセージ···5本(100g)
にんにく················1かけ
油····················大さじ1
塩····················小さじ1

材料を用意する

焼き色をつける

全体に塩をふる

●作り方

1. キャベツは2cm角、じゃがいもは1cm角に切る。ウインナーは2cm長さ、にんにくは半分に切る。ミックスビーンズは分量を用意する(a)。
2. 鍋に油とにんにくを弱火で熱し、香りが出たらキャベツを加えて中火にする。
3. キャベツに焼き色がついてしんなりしたら(b)、ウインナー、じゃがいも、ミックスビーンズを加える。全体に塩をふって(c)、ひと混ぜしたらふたをする。
4. ふたの隙間から蒸気が出たら極弱火にし、10分加熱する。
5. 火を止め、ふたの裏の水滴を鍋に戻し入れ、ひと混ぜする。再びふたをして5分ほどおき、食べる時に好みで黒こしょう適量をふる。

無水調理のしくみ
staub（ストウブ）の中はどうなってるの？

調理が始まったら、ふたを開けられないし、中が見えないからこそ気になる鍋の中の様子。無水ミネストローネ（☞p.52）を例に順番に追っていきます。

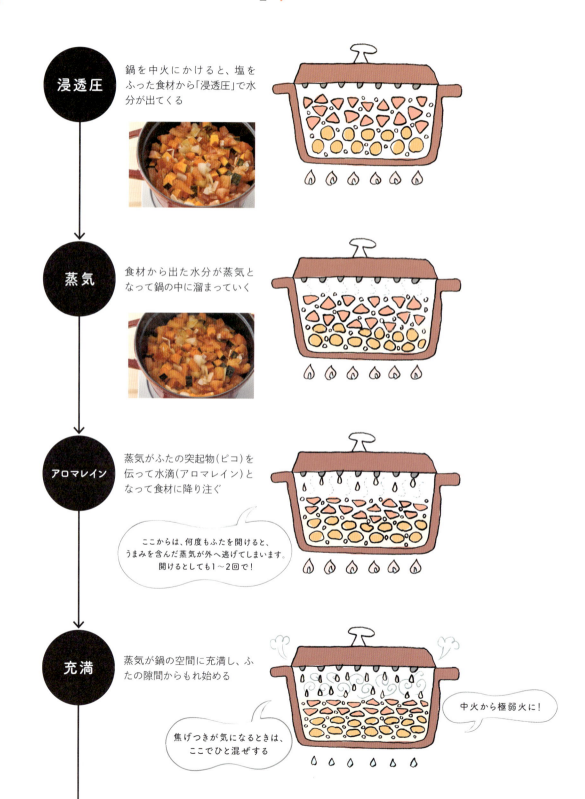

浸透圧 — 鍋を中火にかけると、塩をふった食材から「浸透圧」で水分が出てくる

蒸気 — 食材から出た水分が蒸気となって鍋の中に溜まっていく

アロマレイン — 蒸気がふたの突起物（ピコ）を伝って水滴（アロマレイン）となって食材に降り注ぐ

ここからは、何度もふたを開けると、うまみを含んだ蒸気が外へ逃げてしまいます。開けるとしても1〜2回で！

充満 — 蒸気が鍋の空間に充満し、ふたの隙間からもれ始める

焦げつきが気になるときは、ここでひと混ぜする

中火から極弱火に！

循環
蒸気の動きが弱まることで、うまみがじっくりと循環する

火の加減がちょうどいいと、ピタッと蒸気が止まります

鍋の中に空間がありすぎると、蒸気の対流に時間がかかり、焦げつきの原因に。必ず鍋の深さの半分以上、食材を入れましょう

余熱調理
火を止めた後も余熱で調理が続き、味がしみ込んでいく

放置
鍋が冷めるまで待つと、水分がさらに出て味もなじむ。写真はひと晩おいたところ

できあがり

水は1滴も入れていません！

そのまま食べても、温め直しても

Point
ふたの裏にはうまみたっぷりの水分がついています。ふたを開けるときは、必ず水滴を鍋の中に戻し入れるくせをつけましょう。

ストウブってどんな鍋？　19

調理を始める前に
知っておきたい2つのコツ

ストウブで料理をする時は、「火加減」と「蒸気」の見極めがとても重要です。調理を始める前に、ぜひ、この2つのコツを確認しください。

コツ1　火加減

ストウブで調理する時は、火加減がとても大切です。本書に登場するのはほぼ中火と極弱火だけ。しかし、ひとくちに火加減といっても、メーカーや機種によってずいぶんと異なるので、ご家庭の熱源のクセをつかんでチャレンジしてみてください。

中火

火の先が鍋底に当たるくらいの加減。焦げそうだからといって火を弱めると、なかなか蒸気が出ずに調理に時間がかかってしまうので、写真くらいの火加減を目安に！
（10段階のIHでは、4〜5程度です）

極弱火

最も火加減が弱く、鍋底に炎が当たらないくらい。やっとゆらゆらと火がついているほど。とろ火ともいいます。
（10段階のIHでは、1〜2程度です）

- ストウブは、強火で加熱しないのが鉄則。エマイユ（ホーロー）加工がいたんでしまうので、気をつけましょう。
- IHを使用する場合は、お使いの機種によっても火加減の調整が必要になりますので、様子を見ながら加熱しましょう。

コツ2　蒸気

本書の作り方では、ふたの隙間から出てくる「蒸気」が次の工程に進む合図に。鍋の中に蒸気が充満すると、必ず蒸気はもれて出てきます。ただし、キッチンの明るさによって蒸気自体が見えにくいことも（写真のように後ろが黒いと見えやすい）。何度か挑戦して感覚的に覚えるのがベストです。

蒸気が出るためには…
- 食材の量がちょうどよいこと（＝鍋の深さの半分〜8分目程度が目安）
- 中火の加減がちょうどよいこと（＝火は弱すぎでないか？）

蒸気が出ない…

もう少し中火のままで

蒸気が出た！

中火から極弱火へ！

極弱火にすると、ピタッと蒸気が止まります。蒸気が出続ける場合は、火が強すぎる証拠。中の水分が外に出てしまうので、火を最弱にしてください。

食材の水分量によって、すぐに蒸気が出るもの、蒸気がなかなか出ないものがあります。写真を参考に、初めはふたの隙間をよく観察しながら調理してください。

Part 2
ストウブで野菜をおいしく！

玉ねぎ、にんじん、じゃがいも、大根など、おなじみの常備野菜もストウブにかかれば、驚きの味に。ブロッコリーや小松菜も「無水調理」のテクニックを使うことで、おいしさを最大限に引き出します。ほかにも、毎日の献立に取り入れたい、旬野菜を楽しめるレシピがいっぱい！

玉ねぎを使って

甘みだけでなく、すっきりした辛み、そして食感も持ち合わせた常備野菜。
玉ねぎの魅力を堪能する3種類のレシピです。

> シンプルおかず

玉ねぎの
シンプルロースト

玉ねぎの素朴な甘みをしっかりと引き出すのは、
ふたをする前にふる塩。
一度、油で焼きつけることで
うまみが増し、野菜ひとつで主役おかずに！

● 材料　4人分

玉ねぎ‥‥‥‥‥‥‥2個(400g)
塩‥‥‥‥‥‥‥‥小さじ1/2
油‥‥‥‥‥‥‥‥大さじ1

a　中火で玉ねぎを焼きつける

b　全体に塩をふる

c　中火5分＋極弱火15分

できあがり

● 作り方

1. 玉ねぎは6等分のくし形切りにする。
2. 鍋に油を中火で熱し、玉ねぎを焼きつける。一度に全部は入らないので、少しずつ鍋に並べ入れ、焼きつけていく(a)。両断面を焼きつけたら、最後は皮がついていた部分を下にすると焦げつきにくい。
3. 全体に塩をふる(b)。
4. ふたをして中火のまま5分加熱する。さらに極弱火にして15分加熱する(c)。
5. 火を止めて、ふたをしたまま冷めるまでおく。

Memo

玉ねぎの量が鍋の深さの半分以下なので、蒸気が出るのを待つと焦げてしまいます。そのため、5分加熱したら、すぐに極弱火にします。肉や魚料理のつけ合わせにしたり、鍋にバジルの葉やタイムなどのハーブをちぎり入れて食べたり、酢やビネガーなどでマリネしてもおいしい。

ストウブで野菜をおいしく！

主菜

玉ねぎバーグ

ストウブは小さなオーブン。
玉ねぎをやわらかく、ハンバーグを
ふっくらジューシーに仕上げてくれます。
おろしポン酢やトマトケチャップを添えても。

● 材料　4人分

玉ねぎ・・・・・・・・・・・・2個(400g)
〈ハンバーグだね〉
合いびき肉・・・・・・・・・・・・250g
塩・・・・・・・・・・・・・・・・小さじ1
A ┌片栗粉・・・・・・・・・大さじ1
　└卵・・・・・・・・・・・・・・1個
片栗粉・・・・・・・・・・・・小さじ2
油・・・・・・・・・・・・・・・・大さじ2

a 材料をそろえる
b ハンバーグだねを詰める

c 両面を焼きつける

● 作り方

1. 玉ねぎは横半分に切り、それぞれ厚みを2cmにする。鍋に4つ入る大きさになるように外側を外し、リング状になるように内側をすべて外す(内側は玉ねぎソテー用。リング状の玉ねぎはハンバーグ用)。残った玉ねぎの外側部分はすべてみじん切りにしておく(ハンバーグだね用)(a)。

2. ハンバーグだねを作る。ボウルに合いびき肉と塩小さじ1/2を入れて手で軽く練る。Aと1の玉ねぎのみじん切りを加えて混ぜる。

3. 1のリング状の玉ねぎに茶こしで片栗粉をふり、2のハンバーグだねを4等分して詰める(b)。

4. 鍋に油大さじ1を中火で熱する。薄く煙が出るくらいまで温めたら玉ねぎソテー用の玉ねぎを並べ、上面に塩小さじ1/4をふって焼きつけて上下を返す(c)。さら

に塩小さじ1/4をふって焼きつけ、再び上下を返したらふたをし、弱火で5分加熱したら取り出す。
5. 残りの油を入れ、再び薄く煙が出るくらいまで温めたら、3を上面を下にして並べる。5分ほど焼き、上下を返す。
6. ふたをして極弱火にし、15分加熱する。

Point
ハンバーグを焼く時は、形がくずれないようにあまり動かさないのがポイント。上面が下になるように並べたら、写真のようにしっかりと焼き目がつくまで。

副菜
玉ねぎマリネ

さっぱりと黒酢で仕上げるマリネ。
時間をおくと、味がなじんでおいしくなるので、
余裕があるときに作っておくと重宝します。
冷蔵庫で4〜5日保存可能。

● 材料　4人分

玉ねぎ	2個(400g)
しめじ	1パック(160g)
しょうが	10g
三つ葉	1束
A ┌ しょうゆ	大さじ1
├ 黒酢	大さじ1
└ 塩	小さじ1
油	大さじ1

● 作り方
1. 玉ねぎは8等分のくし形切り、しめじは石づきを取ってほぐす。しょうがは千切りにする。
2. 鍋に油としょうがを入れて弱火で熱する。香りが出たら中火にし、玉ねぎを加えてしんなりするまで炒める(a)。
3. しめじ、Aを入れ(b)、ひと混ぜしてからふたをし、蒸気が出たら極弱火で5分加熱する(c)。
4. バットなどに移して平らにし、粗熱が取れたら三つ葉と和える。

a　しんなりするまで炒める
b　しめじと調味料を入れる
c　極弱火、5分でできあがり！

ストウブで野菜をおいしく！

にんじんを使って

にんじんは油との相性が抜群。
油で炒めてから、余熱調理で最大限に甘みを引き出します。

シンプルおかず

にんじんロースト

しっかりと炒めて甘みを引き出し、香ばしさをプラスしたら、
あとはストウブにおまかせ。

にんじんに焼き色をつける

●材料　4人分

にんじん・・・・・・・・・・2本(300g)
塩・・・・・・・・・・・・・小さじ1/2
油・・・・・・・・・・・・・大さじ1

塩をふってひと混ぜ

●作り方

1. にんじんは5cm長さの棒状に切る。
2. 鍋に油を中火で熱してにんじんを入れ、焼き色がつくまでしっかりと炒める(a)。
3. 塩をふってひと混ぜする(b)。
4. ふたをして極弱火にし、10分加熱する(c)。
5. 火を止め、ひと混ぜしてから再びふたをし、冷めるまでおく。

ふたをして極弱火で10分

できあがり

Memo

最後にバター少量を落とし、軽くからめて食べてもおいしい。タイムなどのハーブもよく合います。油を熱する時、クミンなどのスパイスもいっしょに加えて香りを引き出せば、ひと味もふた味も変化が！

主菜

にんじんの もちグラタン

ホワイトソースを作らずに、
ひと鍋で簡単に！
小麦粉の代わりに米粉を使っているので、
胃にもたれにくいのもうれしいです。

● 材料　4人分

にんじん	1本(150g)
じゃがいも	1個(100g)
切りもち	2個
鶏もも肉	1枚(300g)
米粉	大さじ3
牛乳	300㎖
塩	小さじ1
ピザ用チーズ	30g
バター	30g

a 米粉を入れてさっと混ぜる
b ふたをして極弱火で10分煮る

Point

もちを並べてチーズをかけたら、オーブンで焼かずにふたをして極弱火でもちが溶けるまで加熱してもOKです。焦げ目はつかないけれど、もちとチーズが溶けて十分グラタン風に。耐熱容器に移して、オーブントースターや魚焼きグリルで焼いても◎。

● 作り方

1. にんじん、じゃがいもは千切りにする。もちは厚みを半分に切る。鶏肉は一口大に切る。
2. 鍋にバターを入れて中火で熱し、にんじん、じゃがいも、鶏肉を入れて鶏肉の色が変わるまで炒める。
3. 米粉を入れてさっと混ぜ(a)、牛乳、塩を加えて混ぜる。
4. 沸騰したらふたをして極弱火で10分煮る(b)。オーブンを230℃に予熱する。
5. もちを並べ、ピザ用チーズをかけ、ふたをせずに天板にのせ、オーブンで焼き目がつくまで15〜20分焼く。

副菜

にんじんの洋風きんぴら

にんじんを炒め、ふたをして加熱！
ふたの隙間から蒸気が出たら、
完成の合図。
しょうゆとみりんで味つけし、
和風にしてもおいしい！

● 材料　4人分

にんじん･････････2本（300g）
にんにく････････････1かけ
赤唐辛子････････････1本
アンチョビ････････････2本
塩･･････････････小さじ1/2
油･･････････････大さじ1

a
にんにく、唐辛子の香りを出す

b
にんじん、アンチョビ、塩を加える

c
蒸気が出たら、ひと混ぜ

● 作り方

1. にんじんは5cm長さの細切りにする。にんにくは半分に切る。赤唐辛子は種を取り、輪切りにする。アンチョビは包丁でたたく。
2. 鍋に油、にんにく、赤唐辛子を入れて弱火にかける（a）。香りが出たら中火にし、にんじん、アンチョビ、塩を加えてひと混ぜし（b）、ふたをする。
3. ふたの隙間から蒸気が出たら、火を止めてひと混ぜする（c）。

ストウブで野菜をおいしく！　29

じゃがいもを使って

日もちがして、腹もちがいい。まさに常備野菜代表のじゃがいもレシピを紹介。
シンプルに蒸したじゃがいもは、そのまま食べてもおいしい!

シンプルおかず

和風ポテサラ

じゃがいもをシンプルに蒸して簡単アレンジ！
マヨネーズを加えずに酢をメインに味つけします。
粉末からし入りなので、ツンと鼻に抜ける大人の味。

a じゃがいもに塩をふる
b 加熱後もひと混ぜし、再びふたをしておく
c 熱いうちにつぶす

● 材料　4人分

じゃがいも(小さめのもの)	5個(500g)
塩	小さじ1/2
油	大さじ1
A ┌粉末からし	大さじ1/2
├酢	大さじ1
├油	大さじ1
└塩	小さじ1
青じそ(せん切り)	5枚分
みょうが(せん切り)	2個分

※和がらし(チューブ)を使う場合は、3cmほど使用を目安に調整してください。

● 作り方

1. じゃがいもはよく洗って2〜3cm角に切り、さっと洗う(皮が気になる場合はむいてもよい)。
2. 鍋に油を中火で熱し、じゃがいもと塩を入れ(a)、ひと混ぜしてふたをする。
3. ふたの隙間から蒸気が出たら、ふたを開けてひと混ぜする。再びふたをし、極弱火で15分加熱する。
4. 火を止め、ふたを開けてひと混ぜし(b)、再びふたをして10分おく。
5. 熱いうちにボウルに移し、木べらなどでつぶす(c)。Aを加えて混ぜ、粗熱が取れたら、青じそ、みょうがを混ぜる。

Point

じゃがいもは糖分が多く、他の野菜と比べて鍋底に焦げつきやすいので、極弱火にする前に一度、鍋底をこそげるようにひと混ぜするのがポイント。品種によって、味や食感が変わるのも、シンプル蒸し調理のお楽しみです。

ストウブで野菜をおいしく！　31

> 主菜

ぶりじゃが

最小限の調味料ですむのは、
無水調理ならでは。
野菜やぶりの水分でほくほく＆
余熱調理でしみしみに仕上げます。

● 材料　4人分

ぶり(切り身) ……4切れ(320g)
じゃがいも………3個(450g)
玉ねぎ……………1個(200g)
A ┌ しょうゆ ……… 大さじ3
　 │ みりん ………… 大さじ3
　 └ 酒 ……………… 大さじ2
しょうが(スライス) ……… 2枚

a じゃがいも、玉ねぎ、ぶりを加えてひと混ぜ

b 5分加熱したら、ひと混ぜするだけ

● 作り方

1. ぶりは半分の大きさに切り、熱湯をかける。うろこがあれば、水で洗いながら指でなでるようにして取る。
2. じゃがいもは一口大に切り、玉ねぎは8等分のくし形切りにする。
3. 鍋にAとしょうがを入れて中火にかける。沸騰したら、じゃがいも、玉ねぎ、ぶりを加えてひと混ぜし(a)、ふたをする。
4. ふたの隙間から蒸気が出たら極弱火にし、5分加熱する。
5. 火を止め、ふたの裏の水滴を鍋に戻し入れ、ひと混ぜする(b)。再びふたをして10分おく。

Point
ひと混ぜするときは、ぶりがくずれないように、やさしく混ぜましょう。

主菜

カマンベールポテトオムレツ

ほくほくとしたじゃがいもと卵の相性が抜群。ベーコン以外にも好みの具材で楽しんで。

● 材料　4人分

じゃがいも ……… 1個（150g）
卵 ……………………… 4個
カマンベールチーズ … 1個（100g）
ベーコン（スライス）……… 50g
塩 ……………… 小さじ1/2
油 ……………… 大さじ2

Point
ベーコンとじゃがいもを炒める前に、しっかりと鍋を温めるのがポイント！

a　ベーコンとじゃがいもをさっと炒める

b　このくらいとろ〜りと半熟状になったらOK！

c　箸で押さえて火の通りをチェック

● 作り方

1. じゃがいもは千切りにする。ベーコンは細切りにする。
2. ボウルに卵を割り入れ、塩を加えて溶く。カマンベールチーズはちぎり入れる。
3. 鍋に油を中火で熱し、薄く煙が出るまでしっかり温める。側面にも油を回し、ベーコンとじゃがいもを入れてさっと炒める(a)。2を流し入れ、箸で半熟状になるまで、グルグルかき混ぜる(b)。
4. ふたをして3分、極弱火にして10分加熱する。
5. ふたを開け、箸で押さえた時に卵がふっくらとして中心に火が通っているようなら火を止める(c)。
6. 10分ほどおいてから、ゴムべらで鍋の内側をぐるりとなぞり、逆さにしてまな板に取り出す。食べやすい大きさに切る。

ストウブで野菜をおいしく！　33

ブロッコリーを使って

水とオーブン用シートを使い、
ストウブをせいろのように使います。
栄養を逃さずに調理できます。

シンプルおかず

蒸しブロッコリー

ブロッコリーの蒸し加減は好みが分かれるので、
余熱時間で調整してください。
※レシピは、かため。ブロッコリーの水分量によっても変わります。

a 小房に分け、さっと洗う

b 水を入れてからシートを敷く

c 水分はついたままでOK

● 材料　4人分
ブロッコリー ………… 1束

● 作り方
1. ブロッコリーは小房に分けてさっと洗う(a)。
2. 鍋に水50mlを入れ、オーブン用シートを敷く(b)。
3. 1のブロッコリーを入れて(c)、オーブン用シートが焦げないようにしっかりと鍋の中に入れ込んでふたをし、中火で5分加熱して火を止める。
※やわらかい食感が好みの人は、ひと混ぜしてからふたをして余熱で5分おく。

おすすめ

アンチョビソース
● 作り方
小鍋にアンチョビ(たたいたもの)4切れ分、にんにく(みじん切り)2かけ分、オリーブ油大さじ4を入れ、弱火で香りが出るまで熱する。

Memo

アンチョビソースのほかに、マヨネーズや市販のドレッシングなど好みの味つけで。蒸したてはもちろん、粗熱を取ってからお弁当のおかずにも！

できあがり

ストウブで野菜をおいしく！

なすを使って

ストウブを使えば、焼きなすも簡単。
焼き目はしっかりつくのに、
スチーム効果でふっくらジューシーです。

シンプルおかず

焼きなすサラダ

皮は粗熱が取れてからでも、するりとむけます。
レモンと香味野菜を合わせ、さっぱりといただきます。

なすの大きさや火加減によって加熱時間が変わるので調整を。皮がしわしわになり、実がやわらかくなればOK！

なすに切り込みを入れる

シートを敷いて中火で5分加熱

上下返したら極弱火でさらに10分

冷めたら皮をむく

● 材料　4人分

なす･････････････4本(400g)
セロリ････････････1/2本(50g)
赤玉ねぎ･････････1/4個(50g)
しょうが･･････････1かけ
A ┌ レモン汁 ･･･････大さじ2
　│ しょうゆ ･･･････小さじ2
　└ 塩 ･･････････小さじ1/2

● 作り方

1. なすはへたを落とし、皮に1cm深さの切り込みを縦4か所に入れる(a)。
2. 鍋にオーブン用シートを敷き、並べる(b)。
3. ふたをし、中火で5分加熱する(オーブン用シートが焦げないように、しっかりと鍋の中へ入れ込む)。
4. ふたを開けて上下を返し(c)、再びふたをして極弱火で10分加熱する。
5. セロリ、赤玉ねぎ、しょうがはみじん切りにしてボウルに入れ、Aを加えて混ぜる。
6. なすを箸で押してやわらかくなっていたら取り出し、粗熱が取れたら皮をむく(d)。
7. なすは3cm長さに切って5に加え、よく和えて冷蔵庫で冷やす。器に盛り、あればセロリの葉を飾る。

Point

油脂不使用のヘルシーな食べるドレッシングでいただきます。ストウブでなすを蒸している間に野菜を刻んでおくと◎。

大根を使って

火の通し方がむずかしい大根料理も
ストウブにおまかせ。無水調理で作る
豚バラ大根は、とにかくレシピが簡単!
一度、お試しください。

主菜

豚バラ大根

すぐに食べたい気持ちをぐっと抑えて、全体に煮汁が浸かるようにしてから一度冷まし、しっかり味をしみ込ませてからいただきましょう。

大根を焼きつける

残りの材料を入れて加熱する

煮汁に浸かるようにひと混ぜ

● 材料　4人分

豚バラ薄切り肉 ……… 200g
大根 …………… 1/4本(500g)
しょうゆ …………… 大さじ3
みりん ……………… 大さじ2
油 ………………… 大さじ1

● 作り方

1. 大根は約2cm厚さの半月切りにする。豚肉は3cm長さに切る。
2. 鍋に油を中火で熱し、大根の両面を焼きつける(a)。豚肉、しょうゆ、みりんを加えてひと混ぜし、ふたをする(b)。
3. ふたの隙間から蒸気が出たら極弱火にし、10分加熱する。
4. 火を止め、ふたの裏の水滴を鍋に戻し入れる。大根が煮汁に浸かるようにひと混ぜしてから(c)、再びふたをして冷めるまでおく。
5. 食べる時にもう一度温める。

れんこんを使って

さっと炒めたら、しょうゆとみりんを加えてふたをするだけ。
本当に手のかからないれんこんきんぴらです。

副菜

れんこんきんぴら

隙間から蒸気が出たら、できあがり。
"ほったらかし炒め"で
仕上げるのがポイントです。
※ほったらかし炒めはp.70〜でも紹介しています。

a
b 材料をすべて入れてふたをする
c 火が通ったら黒ごまを加える

● 材料　4人分

れんこん・・・・・・・・・・2節(400g)
にんじん・・・・・・・・・・1本(150g)
しょうゆ・・・・・・・・・・大さじ2
みりん・・・・・・・・・・・大さじ2
ごま油・・・・・・・・・・・小さじ2
黒ごま・・・・・・・・・・・小さじ2

● 作り方

1. れんこんとにんじんは、薄いいちょう切りにする。
2. 鍋にごま油を中火で熱し、れんこんとにんじんを入れてさっと炒める(a)。
3. しょうゆとみりんを入れてふたをする(b)。
4. ふたの隙間から蒸気が出たら火を止め、ふたの裏の水滴を鍋に戻し入れ、黒ごまを加えてざっと混ぜる(c)。

ストウブで野菜をおいしく！　41

かぼちゃを使って

定番の煮物もストウブで。ふたの裏にあるピコを伝って、
かぼちゃから出る水分が再びかぼちゃにしみ込むため、落としぶたも不要です。

副菜

かぼちゃのそぼろ煮

ひき肉を加えてとろみをつけ、
ごはんにもよく合うかぼちゃの煮物に仕上げます。

ひき肉を炒める

かぼちゃを加えて混ぜる

● 材料　4人分

かぼちゃ	1/6個(250g)
鶏ももひき肉	200g
しょうゆ	大さじ2
みりん	大さじ2
┌片栗粉	大さじ1
└水	大さじ2

● 作り方

1. かぼちゃは種とわたを取り、皮つきのまま一口大に切る。
2. 鍋にしょうゆとみりんを入れて<u>中火</u>で熱し、沸騰したら鶏ひき肉を入れて混ぜる(a)。
3. ひき肉がポロポロになったらかぼちゃを入れてひと混ぜし(b)、ふたをする。
4. ふたの隙間から蒸気が出たら<u>極弱火</u>にし、<u>10分</u>加熱する。
5. 火を止め、ふたの裏の水滴を鍋に戻し入れ、ひと混ぜし、水溶き片栗粉でとろみをつける(c)。

Point

全体を混ぜ、かぼちゃがやわらかくなっているようなら火を止めます。すぐに食べることもできますが、ふたをして冷めるまでおくことで、甘みがさらに深くなり、おいしさが増します。

Memo

ストウブで蒸しかぼちゃ

かぼちゃサラダやかぼちゃコロッケの
ベースとして使えます。

材料と作り方(4人分)：かぼちゃ1/6個(250g)は種とわたを取り、皮つきのまま一口大に切る。鍋に油大さじ1を中火で熱し、かぼちゃを入れてひと混ぜする。ふたをして3分加熱し、ふたの裏の水滴を鍋に戻し入れ、ひと混ぜする。再びふたをし、極弱火で10分加熱する。

※かぼちゃやさつまいもなど糖分が多い野菜を単品で加熱するときは、比較的、鍋底に焦げつきやすいので蒸気が出る前に極弱火に。火を弱める前に、鍋底を軽くこそげるようにひと混ぜするのもポイントです。p.35の蒸しブロッコリーのように、ストウブをせいろのようにして蒸すのもおすすめ！

ストウブで野菜をおいしく！　43

さつまいもを使って

甘みを引き出すのが得意なストウブは、
さつまいも料理を仕上げるのが大得意。
さつまいも本来のおいしさを余すことなく引き出します。

副菜

さつまいもの洋風きんとん

さつまいもの甘みを最大限に引き出し、デザートやおせちにもぴったりの一品に。
りんごの酸味と食感がプラスされ、より食べやすいきんとんです。

●材料 4人分

さつまいも ‥‥‥ 小2本(400g)
りんご ‥‥‥‥‥ 1/2個(150g)
バター ‥‥‥‥‥‥‥‥‥ 30g
きび砂糖 ‥‥‥‥‥‥‥‥ 50g
白ごま ‥‥‥‥‥‥‥‥‥ 少々

a さつまいも、りんご、きび砂糖を入れる
b さっと混ぜる
c ふたの裏の水分を戻し入れる
d 熱いうちにつぶす

●作り方

1. さつまいもは乱切りにし、水にさらす。りんごは1cmの角切りにする。
2. 鍋にバターを入れて中火で熱し、さつまいも、りんご、きび砂糖を入れてさっと混ぜ、ふたをする(a、b)。
3. ふたの隙間から蒸気が出たら極弱火にし、10分加熱する。
4. 火を止め、ふたの裏の水滴を鍋に戻し入れる(c)。ここでさつまいもがやわらかくなっていないようなら、再びふたをして中火で3〜5分、様子を見ながら加熱する。
5. 熱いうちにつぶし(d)、白ごまをふる。

Memo ストウブで焼きいも

ストウブで焼きいもを作ると、
まるで石焼きいものような仕上がりに！

材料と作り方(2本分)：さつまいもはよく洗ってアルミホイルで包み、鍋に並べる。ふたをして中火で10分、上下を返して極弱火で30分加熱する。火を止めて上下を返したら、再びふたをして20分おく。

※竹串がスッと通ったら、できあがり。さつまいもの大きさや種類によっても火の通りが変わるので、かたい場合は15分ずつ極弱火の時間を増やしましょう。

小松菜を使って

ゆでずに作る、葉物のおひたし。
栄養分はもちろん、食感もほどよく残るので、
ストウブ活用法としてもイチオシ!

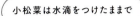

小松菜のおひたし

洗ったまま、水滴がついた状態で加熱するのがコツ。
葉野菜がたっぷり食べられます。

a

小松菜は水滴をつけたままで

b

ふたの裏の水分を戻し入れる

● 材料　4人分

小松菜･･････････････1束(300g)
しょうゆ・かつお節(削り節)･･･各適量

● 作り方

1. 小松菜はよく洗い、3cm長さに切る。
2. 水滴をつけたまま鍋に入れ(a)、ふたをして<u>中火</u>で<u>3分</u>加熱する。
3. ふたの裏の水滴を鍋に戻し入れ(b)、ざっと混ぜる(c)。火を止め、再びふたをして<u>2分</u>おく。
4. 器に盛り、しょうゆ、かつお節でいただく。

※やわらかい食感が好みの人は、3のあと余熱でさらにおくとよい。

c

上下を入れ替えて

Memo
ゆでないので栄養価を逃しません。ほうれん草や春菊、菜の花なども同じように蒸すことができます。

ストウブで野菜をおいしく！

グリーンアスパラガスを使って

パプリカを使って

副菜

グリーンアスパラガスと帆立のアヒージョ

オイルはバゲットをひたして食べるほか、
パスタにからめてもおいしい。

●材料 4人分

グリーンアスパラガス
　　　　　　　　　6本(100g)
帆立(ボイルしたもの)　　　200g
にんにく　　　　　　　　2かけ
塩　　　　　　　　　　小さじ1/2
しょうゆ　　　　　　　　小さじ1
ローズマリー(あれば)　　　2枝
オリーブ油　　　　　　　100mℓ

●作り方

1. グリーンアスパラガスは硬い部分を切り落とし、3等分に切る。にんにくは半分に切る。
2. 鍋にオリーブ油、にんにくを入れて弱火にかける。香りがしてきたらグリーンアスパラガス、帆立を入れて中火にし、塩、しょうゆを入れてひと混ぜする。あればローズマリーをのせてふたをする。
3. ふたの隙間から蒸気が出たら、ふたの裏の水滴を鍋に戻し入れ、ひと混ぜする。

副菜

パプリカマリネ

茎もへたもわたも取らずに丸ごとストウブへ！
少し焦げ目がつくくらい焼くと、甘く、やわらかくなります。

●材料 2人分

パプリカ(赤)　　　　　1個(150g)
パプリカ(黄)　　　　　1個(150g)
A ┌ 酢　　　　　　　　大さじ1
　│ 塩　　　　　　　　小さじ1/2
　└ オリーブ油　　　　30mℓ

a

b
返したら極弱火でさらに5分

c

d
冷めたら皮をむく

●作り方

1. 鍋にオーブン用シートを敷き、パプリカを丸ごと並べる(a)。
2. ふたをし、中火で10分加熱する(オーブン用シートが焦げないように、鍋の中へ入れこむ)。
3. ふたを開けて違う面を下にし、再びふたをして極弱火で5分加熱する(b)。残り2面も同様にして計4面を焼く(c)。
4. 火を止め、ふたをして10分おく。
5. 粗熱が取れたら、種と皮を除いて(d)細くちぎり、ボウルに入れてAと和える。

ストウブで野菜をおいしく！ 49

里芋を使って

> 副菜

蒸し里芋

里芋はぬめりがあるので、下ごしらえが少々厄介ですが、ストウブを使えば、皮つきのまま蒸すことができます。

a 竹串がスッと通れば蒸しあがり
b 皮むきはキッチンペーパーを使って

● 材料　4人分

里芋‥‥‥‥‥‥‥6個(420g)
みそだれ
　みそ‥‥‥‥‥‥大さじ1
　しょうゆ‥‥‥‥大さじ1
　みりん‥‥‥‥‥小さじ1
　砂糖‥‥‥‥‥‥小さじ2

● 作り方

1. 里芋は皮つきのままよく洗う。小鍋にみそだれの材料を入れ、軽く温めておく。
2. 鍋に水100mlを入れてオーブン用シートを敷き、里芋を並べる。ふたをして中火にかける（オーブン用シートが焦げないように、鍋の中へ入れ込む）。
3. ふたの隙間から蒸気が出たら極弱火にし、15分加熱する。
4. 竹串を刺してスッと通れば(a)、キッチンペーパーで包んで皮をむく(b)。食べやすい大きさに切り、器に盛ってみそだれをかける。

きのこを使って

主菜

厚揚げきのこあん

片栗粉や米粉を加えずに、きのこのとろみだけで仕上げたヘルシーなあんかけおかず。滋味深く、なつかしい味わい。

a 鍋に材料を入れて中火にかける
b 蒸気が出たら厚揚げを加えさらに煮る

●材料 4人分

えのきだけ……1パック(200g)
しめじ………1/2パック(80g)
厚揚げ………1パック(120g)
しょうが(千切り)……1かけ分
しょうゆ…………大さじ2
みりん……………大さじ2
塩………………少々

●作り方

1. えのきだけは石づきを取り、半分の長さに切る。しめじは石づきを取ってほぐす。厚揚げは8等分に切る。
2. 鍋にしょうゆとみりん、しょうが、えのきだけとしめじを入れ(a)、ふたをして中火にかける。
3. ふたの隙間から蒸気が出たら、ふたの裏の水滴を鍋に戻し入れ、厚揚げを加えてひと混ぜする(b)。再びふたをして中火にかける。
4. ふたの隙間から蒸気が出たら、火を止めて5分おき、塩少々で味をととのえる。

トマトを使って

> 副菜

無水ミネストローネ

水分を1滴も加えずに作るミネストローネ!
p.18〜19では、無水調理のメカニズムを紹介しています。

● 材料　4人分

トマト	2個(400g)
玉ねぎ	1個(200g)
にんじん	1/2本(75g)
セロリ	1/2本(50g)
かぼちゃ	1/8個(200g)
ベーコン	50g
塩	小さじ1
オリーブ油	大さじ1

● 作り方

1. 野菜はすべて1cm角に切る。ベーコンは5mm幅に切る。
2. 鍋にオリーブ油を中火で熱し、玉ねぎ、にんじん、セロリ、ベーコンをよく炒める。しんなりしたら、トマトとかぼちゃを入れて塩をふり、ひと混ぜしてからふたをする。
3. ふたの隙間から蒸気が出たら極弱火にし、20分加熱する。火を止め、冷めるまでおく。
4. 食べる時に温める。

長ねぎを使って

副菜

焦がし長ねぎポタージュ

野菜に塩をふってから炒めると水分が出ますが、ここでは長ねぎの香ばしさを引き立てたいので、よく炒めてから塩をふります。

Point
ハンドブレンダーは、鍋底に1点だけを当てて動かさないようにして使います。ガリガリと当てないように注意すれば、鍋のままでOKです。少し傾けるとよいでしょう。

● 材料　4人分

長ねぎ	2本(360g)
オリーブ油	大さじ1
成分無調整豆乳	400㎖
塩	小さじ1

● 作り方

1. 長ねぎは緑の部分も丸ごと斜め薄切りにする。
2. 鍋にオリーブ油を中火で熱し、長ねぎを炒める。しんなりしたら塩をふってひと混ぜし、ふたをする。
3. 蒸気が出たら極弱火にし、10分加熱する。
4. 火を止めて豆乳を加え、ブレンダーでかくはんする。なめらかになったら、中〜弱火で温める(豆乳は熱すぎると分離してしまうので、ボコボコと沸騰させない)。

ストウブで野菜をおいしく！

COLUMN

ごはん料理も
ストウブに
おまかせ！

無水調理はストウブならではの調理法ですが、ストウブはごはん料理も大得意です。
白いごはんから、ピラフ、おこわ、リゾットなど、炊飯器いらずでラクラクおいしい！

白米の炊き方

素材のうまみを引き出すのが得意なストウブなら、炊飯もラクラク！
鍋中のお米の表情をしっかり観察しましょう。
一度覚えれば、すぐに上手に炊けるようになりますから。
ふっくらツヤツヤのごはんが「あっ」という間です。

● 材料　作りやすい分量

米・・・・・・・・・・・・・ 2合
水・・・・・・・・・・・・・ 360㎖

※直径20cmのストウブの推奨量は2〜3合です。3合にする場合は、水を540㎖に増やします。

米に水をゆっくりと浸水させます

ここでさらに米が周りに吸着している水分を吸い上げます

1. ボウルに米と、米がつかるくらいの水（分量外）を入れ、ぐるぐるっと手で混ぜて洗い、水を捨てる。

2. 再び米がつかるくらいの水（分量外）を入れ、15〜20分おく（時間がないときは、10分ほどでOK）。

3. ざるに上げ、さらに5分ほどおく（時間がないときは短縮してOK）。

54

水の量は、米1合に対して180㎖

ここまで5～6分ほどです。まだ、さわらずに我慢しましょう

4. 鍋に米と水360㎖を入れる。

5. ふたを開けたまま<u>中火</u>にかける。

6. 小さな泡で沸騰してくる。

しゃぼん玉のような大きな泡が出たら、混ぜる合図!

全体に大きな泡が出たら、ふたをする合図!

7. 全体から湯気が出てねっとりとした大きな泡が出始める。

8. 木べらでひと混ぜする。

9. 全体がボコボコとしっかりと沸騰したのを見届けてから、ふたをする。

10. <u>極弱火</u>にして<u>10分</u>加熱する。

11. 火を止めてそのまま10分蒸らす。

Memo

『ラ・ココット de GOHAN』は、ごはんがものすごくおいしく炊けるストウブ鍋です。普通のココットよりもふっくらと炊けるので、おすすめです。Mサイズは2～2合半、Sサイズは0.7～1合が目安。Sサイズは沸騰までが早く、加熱時間も10分のところが7分、蒸らしも7分でOK。一人暮らし、または二人暮らしの食べきりサイズにぴったりです。

炊きあがり

木べらでさっくりと混ぜ、いただきます!

ごはん料理もストウブにおまかせ! 55

主食

きのこと鮭の
和風炊き込みごはん

そのまま食卓に出せるストウブだからこそ、
ごはんをメインディッシュに！
水分がとびすぎてしまわないように
きのこと鮭を手早くのせるのがコツ。

a

b 鍋が沸騰したら
鮭としめじを入れる

c

d 炊きあがったら
鮭をほぐし混ぜる

● 材料　4人分

米‥‥‥‥‥‥‥2合　　酒‥‥‥‥‥大さじ1
水‥‥‥‥‥‥330㎖　　しょうゆ‥‥大さじ1
しめじ‥‥‥1パック（150g）　いくら（好みで）‥‥‥適量
鮭（甘塩）‥‥‥2切れ（160g）

● 作り方

1. ボウルに米と、米が浸かるくらいの水（分量外）を入れ、ぐるぐるっと手で混ぜて洗い、水を捨てる。
2. 再び米が浸かるくらいの水（分量外）を入れ、15〜20分おく（時間がないときは、10分ほどでOK）。
3. ざるに上げ、さらに5分ほどおく（時間がないときは短縮してOK）。
4. 鍋に米と水330㎖、酒、しょうゆを入れ、ふたを開けたまま中火にかける。しめじは石づきを取ってほぐす。
5. 小さな泡で沸騰し、全体から湯気が出てねっとりとした大きな泡が出始めたらひと混ぜし、手早く鮭を並べ、しめじをのせる（a、b）。
6. ふたをして極弱火にし、10分加熱する。
7. 火を止め、ふたをしたままで10分蒸らす。
8. 鮭をほぐし、骨を取りながら全体を混ぜる（c、d）。器に盛り、好みでいくらをのせる。

ごはん料理もストウブにおまかせ！　57

主食

さつまいもの炊き込みピラフ

旬の野菜でアレンジすることもできます。とうもろこしの場合は、包丁でこそいだ実と一緒に芯も加えて炊き込みます。生のグリーンピースなども絶品ですよ。

主食

中華おこわ

もち米は、白米と炊き方が少しちがうので、よく読んでからチャレンジしてみてくださいね。

Memo

もち米は水を吸いやすく、やわらかくなりやすいため、水分量を減らしています。白米のようにボコボコと沸騰させると、水分がとびすぎて焦げやすくなるので、中火でフツフツと小さく沸騰しはじめたら具材を入れます。白米のようにひと混ぜしないのがポイント。

さつまいもの炊き込みピラフ

●材料　4人分

米‥‥‥‥‥‥2合	塩‥‥‥‥‥小さじ1
さつまいも（皮つき）	バター‥‥‥‥‥30g
‥‥‥‥1/2本（150g）	粗びき黒こしょう‥‥適量
玉ねぎ（みじん切り）	セロリの葉（みじん切り）
‥‥‥‥1個分（200g）	‥‥‥‥‥‥‥少々
水‥‥‥‥‥‥340㎖	油‥‥‥‥‥大さじ1

●作り方

1. ボウルに米と、米が浸かるくらいの水（分量外）を入れ、手で混ぜて洗い、水を捨てる。再び米が浸かるくらいの水（分量外）を入れ、15～20分おく（時間がないときは、10分ほどでOK）。
2. ざるに上げ、さらに5分ほどおく（時間がないときは短縮してOK）。
3. さつまいもは1cm角に切り、水にさらす。
4. 鍋に油を中火で熱し、玉ねぎを炒める。透明になってきたら米を入れて炒める(a)。全体に油が回ったら、水、塩を入れてさっと混ぜる。
5. 全体から湯気が出てねっとりとした大きな泡が出始めたらひと混ぜし、全体がボコボコとしっかり沸騰したのを見届けてから、水けをきったさつまいもをのせる。
6. ふたをして極弱火にし、15分加熱する。火を止め、ふたをしたまま10分蒸らす。
7. バターを入れ、さっくりと全体を混ぜ、こしょうをふり、セロリの葉をちらす。

a

中華おこわ

●材料　4人分

もち米‥‥‥‥‥‥2合	A［しょうゆ‥大さじ1
たけのこ（水煮）‥‥100g	酒‥‥‥‥大さじ1
チャーシュー（p.87）	塩‥‥‥‥小さじ1］
‥‥‥‥‥‥‥100g	アミエビ（または干しエビ）
にんじん‥‥‥‥30g	‥‥‥‥‥‥‥5g
生しいたけ‥‥1枚（40g）	うずら卵（水煮）‥‥8個
しょうが（みじん切り）	ごま油‥‥‥‥大さじ1
‥‥‥‥‥‥‥10g	
水‥‥‥‥‥‥270㎖	

※チャーシューがない場合は、鶏もも肉1/2枚（150g）を2cm角に切って塩小さじ1/4をまぶしたもので代用できます。

●作り方

1. 左記ピラフと同様に米を洗う。
2. 再び、もち米が浸かるくらいの水（分量外）を入れ、10分おく。
3. ざるに上げ、さらに10分ほどおく。
4. たけのこ、チャーシューは1cm角に切る。にんじんは千切り、しいたけは石づきを落として薄切りにする。Aは混ぜておく。
5. 鍋にごま油、アミエビ、しょうがを入れて弱火で熱する。香りが出たら、もち米を入れてさっと炒め、A、水を加える。
6. 湯気が出始めてフツフツと小さく沸騰し始めたら、にんじん、しいたけ、たけのこ、チャーシューの順で火の通りにくいものからのせる(a)。

※チャーシューではなく鶏もも肉を使う時は一番最初にのせる。

7. ふたをして極弱火にし、20分加熱する。火を止め、ふたをしたまま20分蒸らす。
8. 全体をさっくりと混ぜ、うずら卵をのせて再びふたをし、さらに10分蒸らす。

a

主食

かぼちゃのリゾット

米は洗わずに加えて炒めてから煮ることで、食感を残して仕上げます。
ぜひ、削りたてのパルミジャーノレッジャーノチーズを使ってみてください。

a

玉ねぎ、ベーコンを炒める

b

c

ボコボコと沸騰したらふたをする

●材料　4人分

米‥‥‥‥‥‥‥‥‥‥2合
かぼちゃ‥‥‥‥‥‥‥100g
トマト‥‥‥‥‥‥‥1個(200g)
玉ねぎ(みじん切り)‥1個分(200g)
ベーコン‥‥‥‥‥‥‥50g
熱湯‥‥‥‥‥‥‥‥540ml
塩‥‥‥‥‥‥‥‥‥小さじ1
パルミジャーノレッジャーノチーズ
‥‥‥‥‥‥‥‥‥‥‥30g
黒こしょう‥‥‥‥‥‥少々
オリーブ油‥‥‥‥‥大さじ1

●作り方

1. かぼちゃ、トマトは1cmの角切りにする。ベーコンは2mm幅の細切りにする。お湯を沸かしておく。
2. 鍋にオリーブ油を中火で熱し、玉ねぎとベーコンを入れてよく炒める(a)。玉ねぎがしんなりしたら、米(洗わなくてOK)を入れて米が熱くなるまで炒める(b)。
3. 熱湯、トマト、かぼちゃ、塩を入れて全体を混ぜる。
4. ボコボコと沸騰したら(c)ふたをし、極弱火にして15分加熱する。
5. チーズを削りながら加えて混ぜ、黒こしょうをふる。

Part 3
ストウブで時短レシピ！

Part3では、困った時にささっと作りたい時短レシピを紹介。ストウブを蒸し器代わりにする「パパッと蒸し」(p.62)、ふたをしたまま揚げるので油はねも少ない「手間なし揚げ物」(p.66)、しょうが焼きもチンジャオロースもほぼ炒めない「ほったらかし炒め」(p.70)など、革命的レシピ多数！

パパッと蒸し

鍋の中に充満した蒸気を利用して、
手軽に蒸し料理ができます。
もう一品ほしい時にもおすすめです。
茶碗蒸しだって蒸し器いらず！

主菜

レタスと豚肉の蒸ししゃぶ

塩味がついているので、そのままでもおいしくいただけます。ポン酢じょうゆのほか、しょうゆ＋一味唐辛子などでも◎。レタスは、もやしやきのこなどに代えてもおいしいです。

●材料　2人分

レタス	1個(300g)
にら	1束(100g)
豚バラスライス肉	200g
塩	小さじ1

●作り方

1. レタスは一口大に切る。にらは3cm幅に切る。豚肉は5cm幅に切る。
2. 鍋にレタス1/2量をギュギュッと詰める。豚肉1/2量を広げて(a)塩小さじ1/2をふり、その上に残りのレタスと豚肉を広げ、にらをのせて塩小さじ1/2をふる(b)。
3. ふたをして中火にかける。
4. ふたの隙間から蒸気が出たら、極弱火で5分加熱する。
5. 火を止め、ふたの裏の水滴を鍋に戻し入れる。

レタス、豚肉の順に重ねる

野菜ギュウギュウ詰め！

ストウブで時短レシピ！　63

[主菜]

あさりとズッキーニの　バター蒸し

だしの出る貝類は、野菜をよりおいしくしてくれる食材。
ズッキーニのほかにも、きのこ、トマト、キャベツ、水菜などはおすすめです。
スープごと、パスタにからめてもGOOD。

●材料　4人分
あさり(砂抜き済み)・・・200g
ズッキーニ・・・・・1本(150g)
塩・・・・・・・・・・小さじ1/2
にんにく(みじん切り)
　・・・・・・・・・・・1かけ分
バター・・・・・・・・・・30g

●作り方

1. ズッキーニはピーラーで薄切りにする。
2. 鍋にバターを入れて中火で溶かし、あさり、にんにく、ズッキーニを入れ、全体に塩をふって(a)ふたをする。
3. ふたの隙間から蒸気が出たら火を止め、ふたの裏の水滴を鍋に戻し入れる。ひと混ぜしながら、あさりの殻がすべて開いているか確認する(b)。

※殻が開いていない場合は、再びふたをして中火にし、蒸気が出たらもう一度確認する。

あさりが開いたらOK!

副菜 **茶碗蒸し**

蒸し器がなくても、ストウブで茶碗蒸しが作れます。
耐熱カップは直径7cmまでのものであれば、4個入ります。

Point

卵液の温度が低いとかたまりにくいので、作り方2〜5の作業は手早くやるのがポイント。もしも、ゆるい場合は、ふたをして中火で2分ずつ加熱して様子を見る。

●材料　容量150mlの耐熱カップ4個分

卵・・・・・・・・・2個	ぎんなん(水煮)・・・・8粒
だし汁・・・・・・・300ml	生しいたけ・・・1枚(20g)
しょうゆ・・・・小さじ1	三つ葉(葉の部分)・・・少々
塩・・・・・・・小さじ1/4	

●作り方

1. しいたけは薄切りにする。
2. ボウルで卵をほぐす。湯気が出るくらい温めただし汁(50〜60℃)、しょうゆ、塩を入れて優しく混ぜ、ざるでこす。
3. 鍋に水200ml(分量外)を入れ、滑り止めのためにキッチンペーパーを敷く。ふたをして中火で熱する。
4. 器に2を4等分して流し入れ、ぎんなん、しいたけ、三つ葉を入れる。
5. ふたの隙間から蒸気が出たら、4を並べてふたをして1分加熱する。
6. 火を止め、そのまま5分おく。

※器ごと軽く揺らし、かたまっていたらOK。

手間なし揚げ物

揚げ油の量は、鍋の高さ1/3ほどでOK。
ふたをしている間は手が離れるので、普通の揚げ物よりも手がかかりません。
深さもあり、油はねも最小限に抑えられるのが嬉しいポイント！

Memo

フライドポテトとフライドチキンを一緒に作るときは、フライドポテト→フライドチキンの順番に揚げます。フライドポテトを揚げている間にフライドチキンを仕込むことで時短になるのと、揚げ油に野菜（特に玉ねぎ！）のうまみが移るので、新しい油で揚げるよりもフライドチキンがおいしくなるのです。

副菜

フライドポテト

冷たい油から揚げることで、
じゃがいもにじっくりと火が通ります（＝コールドスタート）。
米粉を使っているのでカリッと香ばしく揚がります。

● 材料　4人分

じゃがいも ……… 5個(500g)
玉ねぎ ………… 1/4個(50g)
米粉 ………… 大さじ1と1/2
揚げ油 ……………… 400㎖
塩、こしょう ……… 各適量

● 作り方

1. じゃがいもは皮つきのまま、1cm厚さの半月切りにし、米粉をまぶす（皮が気になる人はむいてもOK）(a)。玉ねぎは繊維に沿って極薄切りにする。

2. 鍋に油を入れ、じゃがいもを1枚ずつ油にくぐらせるようにして並べ入れる。いちばん上に玉ねぎをのせて(b)ふたをし、中火にかける。

3. ふたの隙間から蒸気が出たら極弱火にし、10分加熱する。鍋の中からバチバチと音がしてくるが、ふたは開けない。

4. 音が静かになったのを確認し、ふたを横にスライドさせるようにさっと開ける（油の中に水滴が落ちてはねないようにするため。ふたは濡れ布巾の上に置く）(c)。

5. 中火に戻して玉ねぎが色づいてきたら、箸でじゃがいもの上下を入れ替える（じゃがいもがやわらかいうちに触ると、くずれてしまうので、表面がカリッとしているかを確認しながら入れ替える）(d)。

6. こんがりときつね色になったじゃがいも、玉ねぎを取り出し油をきる。熱いうちに塩、こしょうをふる。

a

b　油と材料を入れてふたをする

c　パチパチ音が止むまで開けない

　　ふたは水平にスライドさせる

d　ふたを開けたら、中火に

Point

揚げ油は、鍋の深さ1/3ほどでOK。直径20cmのストウブ鍋ならば、ちょうど400㎖です。油の量を最小限に抑えています。

主菜

フライドチキン

鶏むね肉で作る、しっとりやわらかい食感のフライドチキン！
味つけは塩と粗びき黒こしょうだけなのに、
まるで専門店のような味わいです。

● 材料　4人分

鶏むね肉
　　‥‥2枚(1枚300g前後のもの)
塩‥‥‥‥‥‥‥‥‥小さじ2
粗びき黒こしょう‥小さじ1
衣
　卵‥‥‥‥‥‥‥‥‥‥2個
　片栗粉‥‥‥‥‥‥‥100g
揚げ油‥‥‥‥‥‥‥‥400㎖
※衣は、卵2個＋米粉100g＋水100㎖でもOKです。

a　大きいので1枚ずつ揚げる

b　ふたは水平にスライドさせる

c

● 作り方

1. 鶏肉は観音開きにし、包丁の背で軽くたたいて均一な厚みにしてから、1枚を縦半分に切る。塩、こしょうを両面にふる。鍋に油を入れて中火にかけ、180℃に温めておく（衣を少し入れたときにすぐに浮くくらい）。

2. ボウルに卵を割り入れて箸でほぐし、片栗粉を加えてさらによく混ぜる。

3. トングなどを使って1を2にくぐらせ、鍋に1枚入れてふたをする。

4. ふたの隙間から蒸気が出たら極弱火にし、5分加熱する。少したつと、鍋の中からバチバチと音がしてくるが、ふたは開けない。

5. 音が静かになったのを確認し、ふたをスライドさせてさっと開ける（ふたの水滴が油に落ちないように）(b)。

6. 中火に戻して上下を返し、全体がカリッとするまで(c)ふたを開けたまま1〜2分ほど揚げる。

7. 残りの3枚も同様に揚げる。食べる時は食べやすい大きさに切る。

Point

観音開きとは、肉の中央に厚みの半分くらいまで切り目を入れ、左右にそぎ切りにし、表面積を大きくすること。包丁の背で軽くたたくことで厚みを均一にし、やわらかく仕上げます。

主菜

あじと野菜の天ぷら

天ぷらもできるだけ少ない揚げ油で。
米粉で衣を作るので、ぐるぐる混ぜても大丈夫。
炭酸水を使うので、カラリと揚がります。
魚や野菜はもちろん、お好みのものでも！

くっつかないように入れたらふたをする

● 材料　4人分

```
┌ かぼちゃ‥‥‥‥‥‥ 100g
│ あじ（3枚おろしのもの）
│     ‥‥‥‥‥‥ 2尾分（120g）
│ しし唐辛子‥‥‥‥ 8本（40g）
└ 米粉‥‥‥‥‥‥ 大さじ1
┌ 米粉‥‥‥‥‥‥ 100g
└ 炭酸水‥‥‥‥‥‥ 200㎖
揚げ油‥‥‥‥‥‥ 400㎖
```

※炭酸水は冷水でも可。炭酸水のほうがカラリと揚がり、冷めてもサクサク感が持続するので、お弁当のおかずなどには特におすすめです。

● 作り方

1. かぼちゃは5mm幅の薄切りにする。あじは半身をさらに半分に切ってキッチンペーパーで水けをふく。しし唐辛子は破裂しないように包丁で穴をあける。
2. 1に米粉大さじ1を薄くまぶす(a)。
3. 鍋に油を入れて中火にかけ、180℃に温める（衣を少し入れたときにすぐ浮くくらい）。
4. ボウルに衣用の米粉と炭酸水を入れ、箸で軽く混ぜる。
5. 2を4にくぐらせ、鍋に隣同士がくっつかないようにひとつずつ入れて(b)ふたをする。
6. かぼちゃは3分、あじ、しし唐辛子は2分加熱する。少したつと、鍋の中からパチパチと音がしてくるので極弱火にする。ふたは開けない。
7. 音が静かになったのを確認し、ふたをスライドさせてさっと開ける（ふたの水滴が油に落ちないように）。
8. ふたを開けたら中火に戻し、箸で上下を返しながら、カリッと揚がったものから油をきる(c)。残りも同様に揚げる。

ストウブで時短レシピ！　69

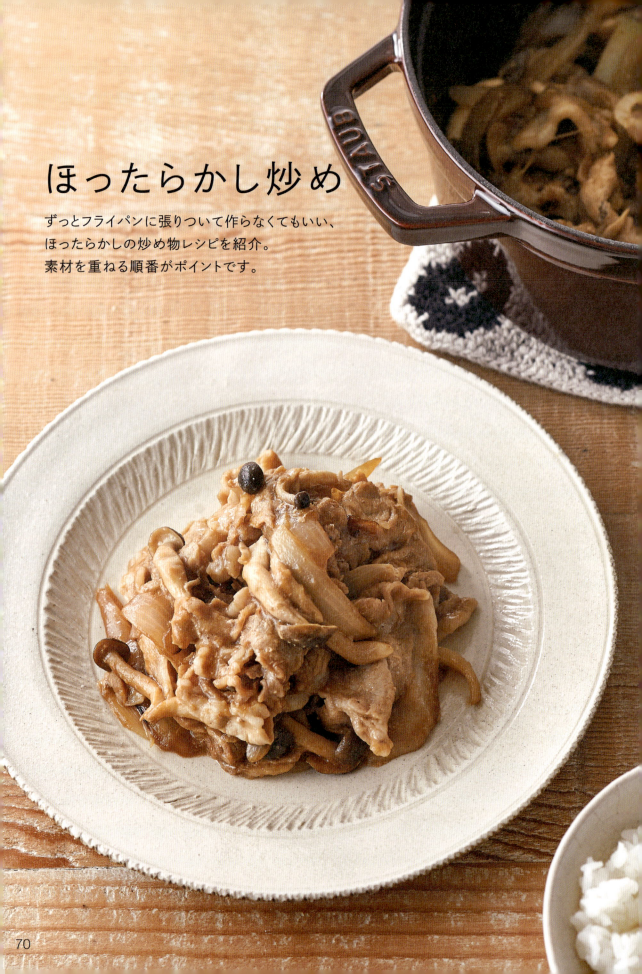

ほったらかし炒め

ずっとフライパンに張りついて作らなくてもいい、
ほったらかしの炒め物レシピを紹介。
素材を重ねる順番がポイントです。

主菜

しょうが焼き

野菜の水分を利用するので
肉はしっとり&ジューシー。
白いご飯と一緒にほおばりたい味です。

●材料　4人分

豚ロース薄切り肉‥‥‥‥400g
玉ねぎ‥‥‥‥‥‥‥1個(200g)
しめじ‥‥‥‥‥1パック(150g)
しょうが(すりおろし)‥‥1かけ分
A ┌ しょうゆ‥‥‥‥大さじ2
　 │ みりん‥‥‥‥‥大さじ2
　 └ 酒‥‥‥‥‥‥‥大さじ2
米粉‥‥‥‥‥‥‥‥‥大さじ2
油‥‥‥‥‥‥‥‥‥‥大さじ1
塩‥‥‥‥‥‥‥‥‥‥小さじ1

●作り方

1. 玉ねぎは半分に切り、繊維に沿って1cm厚さに切る。しめじは石づきを取る。
2. 豚肉は食べやすい長さに切り、しょうが、Aをなじませて米粉をまぶす。
3. 鍋に油を入れ、図のように材料を重ね入れて塩をふり、ふたをして中火にかける。
4. ふたの隙間から蒸気が出たら、ふたの裏の水滴を鍋に戻し入れ、豚肉に火が通るまで混ぜて火を止める。

重ねたら、ほったらかし！

- しめじ(1/2量)
- 味をつけた豚肉(1/2量)
- しめじ(1/2量)
- 味をつけた豚肉(1/2量)
- 玉ねぎ

水分がある野菜で肉をはさむ

火が通りにくい食材は2層に分けて！

しんなりさせたい玉ねぎは一番下に！

できあがり

シリコントングが便利！

Point

ほったらかし炒めは、具材の重ね方がポイント。水分が出る野菜で肉をサンドして蒸し焼きにしています。ふたを開けた時、肉に少し赤いところがあるくらいがちょうどよく、混ぜることで完全に火を通します。

主菜

チンジャオロース

牛肉に米粉をまぶしておくことで、
水溶き片栗粉でとろみをつける手間が省けます。

a 材料を順に重ね入れる
b 蒸気が出たら、火が通るまで混ぜる

● 材料　4人分

ピーマン‥‥‥‥‥10個(300g)
たけのこ(水煮)‥‥‥‥‥200g
┌牛切り落とし肉‥‥‥‥200g
│塩‥‥‥‥‥‥小さじ1/2
└米粉‥‥‥‥‥‥大さじ1
　┌しょうゆ‥‥‥大さじ1
A│オイスターソース‥大さじ1
　└酒‥‥‥‥‥‥大さじ1
ごま油‥‥‥‥‥‥大さじ1
にんにく(みじん切り)‥1かけ分

● 作り方

1. ピーマンは種を取り、たけのこ、牛肉すべてを同じくらいの細切りにする。牛肉には塩をふって米粉をまぶす。Aを合わせておく。
2. 鍋にごま油を入れ、図のように材料を重ね入れる(a)。
3. Aをかけ、ふたをして<u>中火</u>にかける。
4. ふたの隙間から蒸気が出たら、ふたの裏の水滴を鍋に戻し入れ、牛肉に火が通ってとろみが均一になるまで混ぜて(b)火を止める。

主食

焼きうどん

たっぷりの野菜から出る水分をうどんにしみ込ませながら
やわらかくするので、栄養を余すことなくいただけます。

重ねたら、ほったらかし!

- もやし
- うどん
- 味をつけた豚肉
- ピーマン
- にんじん
- 玉ねぎ

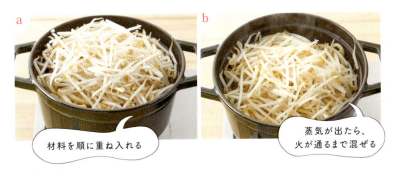

a 材料を順に重ね入れる
b 蒸気が出たら、火が通るまで混ぜる

● 材料　2～4人分

ゆでうどん・・・・・・・・2玉(400g)
玉ねぎ・・・・・・・・・小1個(150g)
にんじん・・・・・・・大1/4本(50g)
ピーマン・・・・・・・・・2個(60g)
もやし・・・・・・・1パック(200g)
豚こま切れ肉・・・・・・・・・150g
A ┌酒・・・・・・・・・・・大さじ1
　│しょうゆ・・・・・・・・大さじ1
　└みりん・・・・・・・・・大さじ1
油・・・・・・・・・・・・・大さじ1
塩・・・・・・・・・・・・小さじ1/2
しょうゆ(仕上げ用)・・・・大さじ1
かつお節(削り節)、青のり・・各少々

● 作り方

1. 玉ねぎは薄切り、にんじんは細切り、ピーマンは種を取って細切り、もやしはさっと洗って水けをきる。
2. 豚肉は食べやすいように一口大に切り、Aで下味をつける。
3. 鍋に油を入れ、図のように材料を重ね入れて(a)塩をふり、ふたをして中火にかける。
4. ふたの隙間から蒸気が出たら、ふたの裏の水滴を鍋に戻し入れ(b)、仕上げ用のしょうゆを回しかける。全体を混ぜ、豚肉に火が通るまで混ぜて火を止める。かつお節、青のりをかける。

ストウブで時短レシピ! 73

ほったらかし焼き

ふだんはふたをしないで作る焼き物も、
少しの間、ふたをしてほったらかしにすることで、
皮は焼き色がつき、身はスチーム効果でしっとり。

●材料　4人分

- 鶏むね肉‥2枚(1枚300g前後のもの)
- 塩‥‥‥‥‥‥‥‥‥‥小さじ1と1/2
- 米粉‥‥‥‥‥‥‥‥‥‥‥大さじ2
- トマト‥‥‥‥‥‥‥‥‥1個(200g)
- オリーブ油‥‥‥‥‥‥‥‥大さじ2
- 粗びき黒こしょう(好みで)‥‥‥適量

a　包丁の柄でたたく

b

c　鍋肌に残ったうまみをソースに

主菜

鶏むね肉ステーキ

鶏肉は包丁の柄でよくたたいて繊維をほぐし、
やわらかく、かつ短時間で味がなじむように
下ごしらえを。このシンプルな材料だけで、
まるでレストランのような
本格的な味わいになるので驚きです。

●作り方

1. 鶏肉は身の面を包丁の柄で厚みが均一になるまでよくたたき(a)、両面に塩をふって米粉をまぶす。トマトは5mm角に切る。
2. 鍋にオリーブ油を入れ、煙が出るくらいまで中火で熱し、鶏肉を皮目から入れる。ふたをして5分加熱する。
3. 極弱火にして、さらに5分加熱する。
4. ふたを開けながら裏についた水滴を鍋の中に戻し入れ、鶏肉の上下を返す(b)。今

度はふたを開けたまま5分加熱し、鶏肉を取り出す。
5. 鍋にトマトを入れ、木べらで鍋肌をこそいで肉のうまみをソースに移しながら、2〜3分ほど加熱する(c)。

6. 鶏肉は食べやすい厚さに切り、中まで火が通っていたら器に並べ、5をかけて好みでこしょうをふる(火の通りが気になる場合、5の鍋に入れてさっと煮るとよい)。

主菜

焼きさば

オーブン用シートを敷いて、
ささっと焼くだけ。
魚がふっくらと焼きあがり、
後片づけも楽ちん！

● 材料　2人分

さば(切り身) ・・・・・・・・・・ 2切れ

● 作り方
1. 鍋にオーブン用シートを敷く。
2. さばを皮目から入れ(a)、中火にかけてふたをする(オーブン用シートが焦げないように、鍋の中へ入れ込む)。
3. 焼き色がつくまで動かさないようにして5分ほど焼き、極弱火にして5分焼く。
4. こんがりと焼き目がついたら上下を返し(b)、再びふたをして2分ほど焼く。

オーブン用シートを敷く

ブレイザーソテーパンで

ささっと魚料理

直径24cmのブレイザーソテーパンは、鍋は浅くてふたはドーム型になっているので「炒めて煮込む」料理にぴったり。口径が広くて存在感抜群。大きく見えても、本書で使用している<u>直径20cmのストウブと同じレシピで調理できます</u>。「魚介の香り蒸し」など、そのまま食卓へ出したいレシピのほか、フライパン代わりに使えるので、肉や野菜をさっと焼く料理にもオススメです。

魚介の香り蒸し

魚介はめかじきのほか、ぶり、たい、さわら、すずきでも！
長ねぎも、玉ねぎやセロリに、三つ葉はパクチーやセリなどでも、おいしく仕上がります。

a 香味野菜の香りを出す
b めかじきをのせてふたをする

● 材料　4人分

- めかじき(切り身)‥‥4切れ(400g)
- 塩‥‥‥‥‥‥‥‥‥‥小さじ1
- あさり(砂抜き済み)‥‥‥‥200g
- 三つ葉‥‥‥‥‥‥‥‥‥‥1束
- 長ねぎ(みじん切り)‥‥‥‥1本分
- にんにく(みじん切り)‥‥2かけ分
- しょうが(みじん切り)‥‥‥1かけ分
- レモン‥‥‥‥‥‥‥‥‥1/2個
- オリーブ油‥‥‥‥‥‥大さじ2

● 作り方

1. 三つ葉は3cm長さに切る。レモンは半分に切る。めかじきは直前に塩をふる。
2. 鍋に長ねぎ、にんにく、しょうがを入れて<u>弱火</u>で熱する(a)。香りが出たら<u>中火</u>にし、あさりを入れてめかじきを並べ、ふたをする(b)。
3. ふたの隙間から蒸気が出たら、<u>極弱火</u>にして<u>3分</u>加熱する。火を止め、ふたの裏の水滴を鍋に戻し入れる。レモンを絞りながら入れて三つ葉をのせる。

Part 4
ストウブで コトコト&さっと煮!

ストウブは煮物が大得意。特に一見、意外に思える和のメニュー(筑前煮やひじき煮、さばのみそ煮など)をさっと手間なく、おいしく仕上げてくれます。カレーやシチューも無水調理でよりヘルシーに! 大活躍まちがいなしです。

主菜

筑前煮

材料を切ったら、調味料と一緒に鍋へ放り込むだけ。
油も使用せず、めんどうな手順はすべて省いた「毎日食べたい筑前煮」です。

a 材料・調味料を入れふたをする
b 野菜から水分が出る

● 材料　4人分

れんこん	1節 (200g)
ごぼう	1/2本 (150g)
にんじん	1本 (150g)
たけのこ (水煮)	100g
鶏もも肉	1枚 (300g)
こんにゃく	1枚 (200g)
しょうゆ	大さじ3
みりん	大さじ3
さやえんどう	4枚

● 作り方

1. れんこん、ごぼう、にんじん、たけのこはともに小さめの乱切りにする。鶏肉は小さめの角切りにし、こんにゃくは手でちぎる。さやえんどうはさっとゆでる。
2. 鍋にさやえんどう以外の材料と調味料をすべて入れ、ひと混ぜしてからふたをする (a)。
3. ふたの隙間から蒸気が出たら、極弱火にして15分加熱する。
4. 火を止め、ふたを開けながら、ふたの裏の水滴を鍋に戻し入れる。ひと混ぜしてから再びふたをし、冷めるまでおく。
5. 食べるときに温めて (b) 器に盛り、さやえんどうを飾る。

> 主菜

和風野菜のトマト煮

野菜から水分が出すぎないようによく炒め、塩分を含んだ調味料は最後に加えるのがコツ！

a 初めになすをよく炒める

b

c 最後に味つけする

●材料　4人分

トマト	1個(200g)
なす	2本(160g)
玉ねぎ	1/2個(100g)
にんじん	1本(150g)
にんにく	1かけ
A ┌ しょうゆ	小さじ2
│ みそ	小さじ2
└ 塩	小さじ1/2
オリーブ油	大さじ2

●作り方

1. トマトとなすは3cm角に切る。玉ねぎとにんじんは1cm角に切る。にんにくは半分に切る。Aは混ぜておく。
2. 鍋にオリーブ油とにんにくを弱火で熱する。香りが出たら中火にし、なすを入れてよく炒める(a)。
3. 玉ねぎ、にんじんを加えてさっと炒め、トマトを入れてひと混ぜし(b)、ふたをする。
4. ふたの隙間から蒸気が出たら極弱火にし、5分加熱する。
5. 火を止め、ふたの裏の水滴を鍋に戻し入れる。Aを加えてひと混ぜする(c)。

ストウブでコトコト&さっと煮！　79

副菜 里芋の煮物

ひき肉のうまみと玉ねぎの甘み、里芋のとろみが三位一体。
しょうゆとみりんだけで、上品なおいしさに仕上げます。

先に玉ねぎ、ひき肉を炒める

●材料　4人分

里芋‥‥‥‥‥‥‥‥‥5個(350g)
玉ねぎ(みじん切り)‥‥1/2個分(100g)
豚ひき肉‥‥‥‥‥‥‥‥100g
A ┌ しょうゆ‥‥‥‥大さじ2
　 └ みりん‥‥‥‥‥大さじ2

●作り方

1. 里芋は食べやすい大きさに切り、よく洗ってぬめりを取る。
2. 鍋に玉ねぎ、Aを入れて中火にかける。沸騰したらひき肉を入れ、ポロポロになったら里芋を入れてふたをする(a、b)。
3. ふたの隙間から蒸気が出たら極弱火にし、15分加熱する。
4. 火を止め、ふたの裏の水滴を鍋に戻し入れ、ひと混ぜしたら再びふたをし、冷めるまでおく。

材料を順に重ね入れる

副菜

ひじきの煮物

水分がよく出るきのこ類の特徴を生かし、
芽ひじきはえのきだけとえのきだけの間に。
水でもどさずにほったらかしで煮あげます。

● 材料　4人分

芽ひじき(乾燥タイプ) ……15g
にんじん…………1本(150g)
えのきだけ……1パック(200g)
小松菜………1/2パック(75g)
油揚げ………………2枚
しょうゆ…………大さじ2
みりん……………大さじ2
塩………………小さじ1/2

● 作り方

1. にんじんは5cm長さの千切りにする。えのきだけは半分の長さに切ってほぐす。小松菜は根元を切り落とし、2cm長さに切る。油揚げは熱湯をかけて油抜きをし、縦半分に切ってから細切りにする。
2. 鍋ににんじん、えのきだけの1/2量、芽ひじき、残りのえのきだけ、小松菜、油揚げを順に重ね、しょうゆ、みりんを回しかけて塩をふる(a、b)。
3. ふたをして中火にかける。
4. ふたの隙間から蒸気が出たら、極弱火にして15分加熱する。
5. 火を止め、ふたの裏の水滴を鍋に戻し入れる。全体をひと混ぜしたら再びふたをし、冷めるまでおく。

ストウブでコトコト&さっと煮！　81

主食

ひき肉のスピードカレー

とにかく早くカレーが食べたいあなたには、ひき肉を使ったキーマカレー！
野菜はできるだけ細かく切って火の通りをスピードアップ。
ごはんを炊くよりも早くできてしまうので、先にごはんの準備を忘れずに！

主食

無水ポークカレー

水分をまったく加えずに、野菜とりんごのもつ水分だけで仕上げます。
玉ねぎもあめ色になるまで炒めなくてもOKです。
また、大量の油脂や粉類を使わずに、
すりおろしたじゃがいもで、とろみをつけるのでヘルシー！

ひき肉のスピードカレー

● 材料　4人分

豚ひき肉･････････････400g
玉ねぎ (みじん切り)
　･････････････2個分(400g)
にんにく (みじん切り)････1かけ分
トマト (1cm角)
　･･････････････1個分(200g)
ミックスビーンズ(水煮)
　････････････1パック(100g)
カレー粉････････････大さじ2
塩･････････････････小さじ1
油･････････････････大さじ1

1. 鍋に油を中火で熱し、玉ねぎとにんにくを炒める。

2. しんなりしたら豚肉を入れてポロポロになるまで炒める。

無水ポークカレー

● 材料　4人分

豚肩ロースブロック肉･････400g
玉ねぎ･････････小4個(600g)
にんじん･･････････1本(150g)
りんご････････････1/2個(100g)
にんにく (みじん切り)････1かけ分
カレー粉････････････大さじ2
塩･････････････････小さじ2
じゃがいも(すりおろし)･･1個分(80g)
油･････････････････大さじ1

1. 玉ねぎは半分に切り、繊維に逆らって極薄切りにする。にんじんは薄い半月切り、りんごは薄いいちょう切りにする。豚肉は3〜4cm角に切る。

2. 鍋に油を弱火で熱し、にんにくとカレー粉を入れて香りが出るまでよく炒める。

6. 豚肉、にんじん、りんご、塩小さじ1を入れる。

7. ひと混ぜし、ふたをする。ふたの隙間から蒸気が出たら極弱火にし、30分加熱する。

8. 火を止め、ふたの裏の水滴を鍋に戻し入れる。野菜から水分がしっかり出ているようなら全体をひと混ぜし、ふたをして冷ます。

3. トマト、ミックスビーンズ、カレー粉、塩を入れ、ひと混ぜしてからふたをする。

4. ふたの隙間から蒸気が出たら極弱火にし、10分加熱する。

5. 火を止め、ふたの裏の水滴を鍋に戻し入れ、全体をひと混ぜする。

3. 玉ねぎを入れて中火にする。

4. たまに混ぜるくらいで炒める（その間に、豚肉を切るなどしても問題ないくらいのゆるいイメージ）。

5. 玉ねぎがしんなりとやわらかくなって繊維が糸状に見えるようになるまで炒める。

9. じゃがいもを入れて中火にかけ、沸騰したら弱火にしてとろみがつくまで5分ほど加熱する。

10. 塩小さじ1で味をととのえる。

主菜

肉豆腐

牛肉は後入れすることでやわらかく。
卵につけてすき焼き風に食べたり、卵でとじて丼にしたりしても!

a 材料と調味料を入れる
b 最後に肉を入れ、火を通す

● 材料　4人分

すきやき用牛薄切り肉	250g
木綿豆腐	1丁(300g)
長ねぎ	1本(150g)
糸こんにゃく	1パック(150g)
しょうゆ	大さじ3
みりん	大さじ3
塩	小さじ1/2

● 作り方

1. 牛肉は食べやすい長さに切る。豆腐は8等分に切り、長ねぎは斜めに切る。
2. 鍋に肉以外の材料、しょうゆ、みりんを入れる(a)。
3. ふたをして中火にかけ、ふたの隙間から蒸気が出たら極弱火にし、10分加熱する。
4. ふたの裏の水滴を鍋に戻し入れ、牛肉を1枚ずつゆがくようにして入れていく(b)。
5. 牛肉に火が通ったら火を止め、塩で味をととのえる。

主菜

チャーシュー

かたまり肉もストウブにおまかせ。しょうゆ、みりん、砂糖だけでシンプルに煮あげ、余熱で味をしみ込ませることで極上に仕上げます。

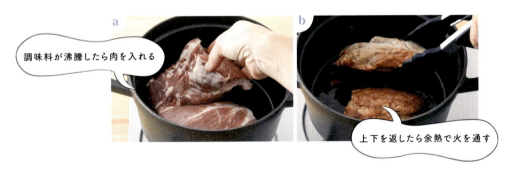

a 調味料が沸騰したら肉を入れる
b 上下を返したら余熱で火を通す

● 材料　4人分

豚肩ロースブロック
　（250g前後のもの）……… 2本
A ┌ しょうゆ ……… 大さじ3
　│ みりん ………… 大さじ2
　└ 砂糖 …………… 小さじ1

● 作り方

1. 鍋にAを入れて中火にかけ、沸騰したら豚肉を入れる（a）。
2. ふたをして隙間から蒸気が出たら極弱火にし、40分加熱する。
3. 火を止め、ふたの裏の水滴を鍋に戻し入れ、上下を返し（b）、再びふたをして冷めるまでおく。
4. 食べるときに食べやすい厚さに切る。

主菜

さばのみそ煮

ふたの裏のピコを伝ってうまみが全体に降り注ぐので、煮魚もふっくら、味がよくしみ込みます。

鍋を持ってゆする

● 材料　4人分

さば(2枚おろし)‥‥1尾分(300g)
A ┌ みそ‥‥‥‥‥‥大さじ2
　 └ みりん‥‥‥‥‥大さじ1
酒‥‥‥‥‥‥‥‥‥大さじ2
みりん‥‥‥‥‥‥‥大さじ2
しょうが(スライス)‥‥‥4枚

● 作り方

1. さばは半分に切って4枚にし、熱湯をかけて臭みを取る。Aは合わせて溶いておく。
2. 鍋に酒、みりん、しょうがを入れて中火で熱し、沸騰したらさばを重ならないように入れてふたをする。
3. ふたの隙間から蒸気が出たら極弱火にし、5分加熱する。
4. ふたの裏の水滴を鍋に戻し入れ、さばとさばの間の隙間にAを落とし、溶かしていく(a)。
5. 中火にし、ふたを開けたまま、時々鍋を持ってやさしくゆすりながら(b)、とろみがつくまで5分ほど加熱する。

主菜

無水みぞれたら鍋

水分をまったく加えない無水鍋。野菜に塩をふって水分を引き出し、大根おろしをのせていただきます。

●材料　4人分

たら‥‥‥‥‥‥4切れ(360g)
白菜‥‥‥‥‥‥1/4個(500g)
生しいたけ‥‥‥‥4枚(280g)
長ねぎ‥‥‥‥‥‥1本(150g)
にんじん‥‥‥‥‥約1/4本
大根‥‥‥‥‥‥1/8本(300g)
塩‥‥‥‥‥‥‥‥小さじ1

野菜からしっかり水分が出たら、たらを入れる

●作り方

1. 白菜はざく切りにし、芯と葉を分けておく。しいたけは軸のかたいところを切り落とし、長ねぎは斜め切りにする。にんじんは4枚に切り、花型で抜く。
2. 鍋に白菜の芯の部分を敷き、葉をのせる。長ねぎ、にんじんをのせて全体に塩をふり、ふたをして中火にかける。
3. ふたの隙間から蒸気が出たら極弱火にし、15分加熱する(この間に大根をすりおろしておくとよい)。
4. ふたの裏の水滴を鍋に戻し入れる。水分がしっかり出ているのを確認して(a)、たら、しいたけを並べる(b)。ふたをして再び隙間から蒸気が出たらふたを開け、大根おろしをのせる。好みでポン酢じょうゆやしょうゆをかける。

主菜
ツナと白菜の和風シチュー

豆乳は沸騰し続けると分離するので、温める程度に。
また、豆乳は日もちがしないので、
翌日までに食べきるようにしましょう。

a　オリーブ油、玉ねぎ、白菜、塩の順に重ねる

b　ツナ、豆乳を入れて中火にする

c　とろみがついたら、できあがり！

●材料　4人分

自家製ツナ(下記)‥‥‥‥200g
玉ねぎ‥‥‥‥‥1/2個(100g)
白菜‥‥‥‥‥‥1/4個(500g)
塩‥‥‥‥‥‥‥‥‥小さじ1
成分無調整豆乳‥‥‥‥500㎖
A ┌ 米粉‥‥‥‥‥‥大さじ2
　├ みそ‥‥‥‥‥‥大さじ1
　└ 水‥‥‥‥‥‥‥大さじ2
オリーブ油‥‥‥‥‥大さじ1

●作り方

1. 玉ねぎは1cm角、白菜は5cm幅のざく切りにし、Aは混ぜる。
2. 鍋にオリーブ油、玉ねぎ、白菜を順に入れて塩をふり(a)、ふたをして中火にかける。
3. ふたの隙間から蒸気が出たら極弱火にし、10分加熱する。
4. ふたの裏の水滴を鍋に戻し入れ、ツナ、豆乳を入れる(b)。中火に戻して湯気が出るまで温めたら、Aを加えてとろみがつくまで煮る(c)。

副菜

自家製ツナ

まぐろから作る自家製ツナは、
市販のツナとはまたちがったおいしさがあります。
まぐろのうまみが移ったオイルを使ってパスタを作るのもおすすめ！

a　塩をふって余分な水分を出す

b　オリーブ油、にんにくと一緒に火にかける

c　ざっくりとほぐす

●材料　4人分

まぐろ(刺し身用、さく)‥‥300g
塩‥‥‥‥‥‥‥‥‥小さじ1
にんにく‥‥‥‥‥‥‥1かけ
オリーブ油‥‥‥‥‥‥100㎖

●作り方

1. まぐろは適当な大きさに切り、バットなどに並べる。全体に塩をふり、30分くらいおく(a)。にんにくは半分に切る。
2. 鍋にオリーブ油とにんにくを入れ、1のまぐろの水けをふきながら並べ(b)、ふたをして中火にかける。
3. ふたの隙間から蒸気が出たら極弱火にし、10分加熱する。ざっくりとほぐし(c)、そのまま冷めるまでおく。

もっと知りたい！
staub Q&A
ストウブ

使ってみたいけど気になることから、
使ってみたけどうまくいかなかったことまで、
ストウブの料理教室でも特に多い質問にお答えします！

蒸気が出ません。

火が弱いのかもしれません。

焦げるのを恐れずに、少し強めの中火で始めてみてください。必ず、蒸気は出ます。蒸気に関しては、p.20でも詳しく説明しているので、参考にしてみてくださいね。また、鍋に対する材料の量が少ないときも蒸気が出にくくなります。鍋の中では、空いた空間に蒸気が滞留しています。そして、蒸気が十分に溜まると同時にふたの隙間から蒸気が溢れ出てくる仕組みです。つまり、材料が少ないと空間が多すぎて蒸気が溜まるのが遅くなるのです。レシピには、使う野菜や肉の重量の目安を書いていますが、量（かさ）や水分量の違いで多少は蒸気が出にくいことも考えられます。サイズの違う鍋で作るときは、特に注意が必要です。20cmの場合、大体5〜10分ほどで蒸気が出てきます。目安として覚えておいてください。

**レシピ通りの食材が
揃いませんでしたが、
おいしく作る方法はありますか？**

**レシピを参考に
アレンジしてみてください。**

食材には旬があるので、手に入りやすい時期があります。特に野菜は、季節のものこそ栄養価も高く、価格も安定しているので使いやすいですよね。レシピを参考にしながら、ぜひ、アレンジをしてご自分のレシピにしていってください。はじめはレシピ通りに作っていただき、ストウブの原理や自宅の熱源（コンロやIHなど）のくせを把握すると、大きな失敗をしにくいでしょう。調理中の鍋の中の様子は、p.18〜19で詳しく説明していますので参考にしてください。

**サイズの違うストウブでも
作れますか？**

もちろん、作れます。

本書のレシピは、すべて20cmのピコ・ココット ラウンドで作っていますが、23cmのオーバルやLサイズのWa-NABE、24cmのブレイザーソテーパンは容量が同じくらいなので、ほとんど同じように作れます。ただし、オーバルは米料理に適していませんので、注意してください。
また、Mサイズのラ・ココット de GOHANや16cm、18cmのピコ・ココット ラウンドは少し容量が少なくなりますので、食材や調味料を減らすなど調整して作ってみてください。逆に22cm、24cmのピコ・ココット ラウンドは1.5〜2倍量で作れます。鍋の容量の半分から8分目程度まで材料が入っているのが目安ですが、蒸気が出るまでの時間は短くなったり、長くなったりしますので注意してください。煮込み時間はそれほど変えなくてもうまく作れると思います。

**レシピ通りなのに、
焦げてしまいました。**

火加減は大丈夫ですか？

火加減が強すぎると、焦げることがあります。ガスコンロを使用している場合、ふたから蒸気が出た後は一番弱い火加減で煮込んでください。また、蒸気が出続けている場合は火が強すぎる合図。中の蒸気が完全になくなってしまうと、焦げの原因になります。火加減は、使用している熱源や調理器具のくせによっても、多少ばらつきが出てしまいます。p.20でも詳しく説明しているので、こちらも参考にしてみてくださいね。
じゃがいもなどの糖分の多い食材や、水分が少ない野菜は焦げつきやすいので、煮込んでいる途中で底を混ぜるのも有効です。

もしも焦げたら、どうしたらいいですか？

ご心配なく。簡単に取れます。

焦げてしまっても、早めに対処すれば大丈夫。鍋に水を2〜3cmはって重曹適量を入れ、中火にかけて数分沸騰させてください。木べらなどでこそげるだけで、簡単に取れると思います。冷めたら、中の水を捨てて中性洗剤で洗ってください。一度で取れない場合は、洗浄を数回繰り返します。金だわし、クレンザー、漂白剤などは、鍋内側の表面のエマイユ加工をいためるので使用しないでください。

ふたを開けられないので、焦げていないかが気になります。

心配ですよね。わかります。

中が見えないと心配になりますよね。わかります。じゃがいもやさつまいもなど、糖分の多い野菜は確かに焦げつきやすいので、極弱火にする前にひと混ぜするレシピにしています。しかし、料理は「焦げたから失敗」ということではないと思っています。煮汁が黄金色になったり、野菜がしっかりと焼きついていたり、多少の焦げは料理のこくとうまみに。つまり、おいしさの素でもあるので、あまり気にしすぎずに。もしも、我慢できずに途中でふたを開けてしまった場合は、再びふたをして中火に戻し、鍋の中に蒸気をためたところからスタート。無水調理ができていないときも同様です。

調味料が少ないので、煮汁に材料が浸かっていないけれど大丈夫？

アロマレインが上面から降り注ぎます。

調味料が蒸気となって雨のように降り注ぐので大丈夫。ふたを開けた時は、煮汁に浸かっている面だけに味がしみ込んでいる印象がありますが、しっかりと上面にもうまみが戻っています。調理後に上下を返してふたをし、余熱調理をすることで味が均一になじみます。

朝に仕込んでから出かけ、夕食のときに食べてもよいでしょうか？

とてもおすすめですが、真夏は避けて！

朝、鍋に食材を入れて煮込んで余熱でおき、帰ってきたら温め直すだけで食べられるので忙しい方にぴったり。ただし、気温が高い真夏は避けたほうがよいでしょう。

鍋ごと保存（冷蔵or冷凍）してもOKですか？

冷蔵も冷凍も可能です。

冷蔵保存も可能です。食材にぴっちりラップをし、ふたをして冷蔵庫へ。鍋がしっかりと冷めてから冷蔵庫に入れてください。温め直すときは、ラップを外してからそのまま火にかけて大丈夫です。ただ、鍋が濡れたままの状態になりますので一晩程度にしてください。アイスクリームなどを作るのにも適しているストウブ鍋。そのまま冷凍庫で冷やしても大丈夫です。

夫が勝手に使うので困っています。

どんどん使ってもらいましょう！

もともと業務用に作られたこの鍋。とても頑丈なのでめったなことでは壊れません。大きな心で、どんどん旦那様にもお料理をしてもらいましょう！ただし、強火はNGとだけは伝えてくださいね。

INDEX

素材別

[野菜、果物]

● 青じそ
和風ポテサラ…31

● かぼちゃ
あじと野菜の天ぷら…69
かぼちゃのそぼろ煮…43
かぼちゃのリゾット…60
無水ミネストローネ…52

● キャベツ
キャベツと鶏肉の煮込み…13
キャベツと豆のガーリック炒め…17
キャベツのピリ辛サラダ…16

● きのこ
厚揚げきのこあん…51
きのこと鮭の和風炊き込みごはん…57
しょうが焼き…71
玉ねぎマリネ…25
茶碗蒸し…65
中華おこわ…58
ひじきの煮物…81
無水みぞれたら鍋…89

● グリーンアスパラガス
グリーンアスパラガスと帆立のアヒージョ…49

● ごぼう
筑前煮…78

● 小松菜
小松菜のおひたし…47
ひじきの煮物…81

● さつまいも
さつまいもの炊き込みピラフ…58
さつまいもの洋風きんとん…45

● 里芋
里芋の煮物…80
蒸し里芋…50

● しし唐辛子
あじと野菜の天ぷら…69

● じゃがいも
カマンベールポテトオムレツ…33
キャベツと豆のガーリック炒め…17
にんじんのもちグラタン…28
フライドポテト…67
ぶりじゃが…32
無水ポークカレー…82
和風ポテサラ…31

● ズッキーニ
あさりとズッキーニのバター蒸し…64

● セロリ
無水ミネストローネ…52
焼きなすサラダ…37

● 大根
豚バラ大根…39
無水みぞれたら鍋…89

● たけのこ
筑前煮…78
中華おこわ…58
チンジャオロース…72

● 玉ねぎ・赤玉ねぎ
かぼちゃのリゾット…60
キャベツと鶏肉の煮込み…13
さつまいもの炊き込みピラフ…58
里芋の煮物…80
しょうが焼き…71
玉ねぎのシンプルロースト…23
玉ねぎバーグ…24
玉ねぎマリネ…25
ツナと白菜の和風シチュー…90
ひき肉のスピードカレー …82
フライドポテト…67
ぶりじゃが…32
無水ポークカレー…82
無水ミネストローネ…52
焼きうどん…73
焼きなすサラダ…37
和風野菜のトマト煮…79

● トマト
かぼちゃのリゾット…60
鶏むね肉ステーキ…74
ひき肉のスピードカレー…82
無水ミネストローネ…52
和風野菜のトマト煮…79

● 長ねぎ
魚介の香り蒸し…76
焦がし長ねぎポタージュ…53
肉豆腐…86
無水みぞれたら鍋…89

● なす
焼きなすサラダ…37
和風野菜のトマト煮…79

● にら
レタスと豚肉の蒸ししゃぶ…63

● にんじん
筑前煮…78
中華おこわ…58
にんじんのもちグラタン…28
にんじんの洋風きんぴら…29
にんじんロースト…27
ひじきの煮物…81
無水ポークカレー…82
無水みぞれたら鍋…89

● セロリ
無水ミネストローネ…52
焼きうどん…73
れんこんきんぴら…41
和風野菜のトマト煮…79

● 白菜
ツナと白菜の和風シチュー…90
無水みぞれたら鍋…89

● パプリカ
パプリカマリネ…49

● ピーマン
チンジャオロース…72
焼きうどん…73

● ブロッコリー
蒸しブロッコリー…35

● 三つ葉
魚介の香り蒸し…76
茶碗蒸し…65

● みょうが
和風ポテサラ…31

● もやし
焼きうどん…73

● りんご
さつまいもの洋風きんとん…45
無水ポークカレー…82

● レタス
レタスと豚肉の蒸ししゃぶ…63

● れんこん
筑前煮…78
れんこんきんぴら…41

[肉・肉の加工品]

● 牛肉
チンジャオロース…72
肉豆腐…86

● 鶏肉
キャベツと鶏肉の煮込み…13
筑前煮…78
鶏むね肉ステーキ…74
にんじんのもちグラタン…28
フライドチキン…68

● ひき肉
かぼちゃのそぼろ煮…43
玉ねぎバーグ…24

● 豚肉
里芋の煮物…80

しょうが焼き…71
チャーシュー…87
中華おこわ…58
ひき肉のスピードカレー…82
豚バラ大根…39
無水ポークカレー…82
焼きうどん…73
レタスと豚肉の蒸ししゃぶ…63

●ベーコン・ウインナー
かぼちゃのリゾット…60
カマンベールポテトオムレツ…33
キャベツと豆のガーリック炒め…17
無水ミネストローネ…52

[魚・魚の加工品]

●あさり
あさりとズッキーニのバター蒸し…64
魚介の香り蒸し…76

●あじ
あじと野菜の天ぷら…69

●鮭
きのこと鮭の和風炊き込みごはん…57

●さば
さばのみそ煮…88
焼きさば…75

●たら
無水みぞれたら鍋…89

●ぶり
ぶりじゃが…32

●帆立
グリーンアスパラガスと帆立のアヒージョ…49

●まぐろ
自家製ツナ…90
ツナと白菜の和風シチュー…90

●めかじき
魚介の香り蒸し…76

●アミエビ・アンチョビ・ひじき
中華おこわ…58
にんじんの洋風きんぴら…29
ひじきの煮物…81

[卵・乳製品]

●卵
カマンベールポテトオムレツ…33
茶碗蒸し…65

●うずらの卵
中華おこわ…58

●チーズ
かぼちゃのリゾット…60
カマンベールポテトオムレツ…33

●バター
あさりとズッキーニのバター蒸し…64

[豆腐・大豆の加工品]

●厚揚げ
厚揚げきのこあん…51

●油揚げ
ひじきの煮物…81

●豆乳
焦がし長ねぎポタージュ…53
ツナと白菜の和風シチュー…90

●豆腐
肉豆腐…86

●ミックスビーンズ
キャベツと豆のガーリック炒め…17
ひき肉のスピードカレー…82

[ごはん・麺・そのほか]

●米、もち米
かぼちゃのリゾット…60
きのこと鮭の和風炊き込みごはん…57
さつまいもの炊き込みピラフ…58
中華おこわ…58
白米の炊き方…54

●うどん
焼きうどん…73

●もち
にんじんのもちグラタン…28

●こんにゃく
筑前煮…78
肉豆腐…86

調理別

■蒸す
あさりとズッキーニのバター蒸し…64
キャベツと鶏肉の煮込み…13
キャベツのピリ辛サラダ…16
魚介の香り蒸し…76
小松菜のおひたし…47
さつまいもの洋風きんとん…45
茶碗蒸し…65
パプリカマリネ…49
ひき肉のスピードカレー…82
蒸し里芋…50
蒸しブロッコリー…35
無水ポークカレー…82
無水ミネストローネ…52
焼きなすサラダ…37
レタスと豚肉の蒸ししゃぶ…63
和風ポテサラ…31

■煮る
厚揚げきのこあん…51
かぼちゃのそぼろ煮…43
かぼちゃのリゾット…60
グリーンアスパラガスと帆立のアヒージョ…49
焦がし長ねぎポタージュ…53
里芋の煮物…80
さばのみそ煮…88
自家製ツナ…90
筑前煮…78
チャーシュー…87
ツナと白菜の和風シチュー…90
肉豆腐…86
にんじんのもちグラタン…28
ひじきの煮物…81
豚バラ大根…39
ぶりじゃが…32
無水みぞれたら鍋…89
和風野菜のトマト煮…79

■炒める
キャベツと豆のガーリック炒め…17
しょうが焼き…71
玉ねぎマリネ…25
チンジャオロース…72
にんじんの洋風きんぴら…29
にんじんロースト…27
焼きうどん…73
れんこんきんぴら…41

■焼く
カマンベールポテトオムレツ…33
玉ねぎのシンプルロースト…23
玉ねぎバーグ…24
鶏むね肉ステーキ…74
焼きさば…75

■炊く
きのこと鮭の和風炊き込みごはん…57
さつまいもの炊き込みピラフ…58
中華おこわ…58
白米の炊き方…54

■揚げる
あじと野菜の天ぷら…69
フライドチキン…68
フライドポテト…67

大 橋 由 香
（おおはし・ゆか）

料理研究家、神奈川県厚木市のカフェ「はるひごはん」店主。企業とのレシピ開発、雑誌やWEBでのレシピ紹介、フードコーディネート、飲食店のコンサルティング、イベント講師等で活躍。料理教室を毎月開催。2011年よりツヴィリング J.A. ヘンケルス ジャパンより依頼を受け、百貨店でストウブ調理のデモンストレーションを全国各地で行い、その魅力を広めている。夫、二人の息子、二匹の猫と暮らす。著書に『ストウブで無水調理』（誠文堂新光社）、『繰り返し作りたくなる！スープレシピ』（枻出版社）、『ひと手間でおいしさと幸せひろがる今夜はごちそう煮込み』（ナツメ社）など。

はるひごはん　ストウブビストロ×厚木野菜
神奈川県厚木市幸町1-14　046-258-6873
http://haruhigohan.com/

デザイン・イラスト	片岡修一（PULL/PUSH）
撮影	鈴木信吾
編集	長嶺李砂
スタイリング	岡本ゆかこ
調理アシスタント	片山愛沙子、佐藤あづさ、野内清香
校正	兼子信子
DTP制作	天龍社

道具協力　STAUB（ストウブ）
ツヴィリング J.A. ヘンケルス ジャパン
0120-75-7155
www.staub.jp

撮影協力　JAあつぎ
http://www.jakanagawa.gr.jp/atsugi/

無水調理で驚きのレシピ革命！
ストウブはじめまして

2018年5月20日　第1刷発行
2025年6月11日　第22刷発行

著　者　大橋由香
発行者　木下春雄
発行所　一般社団法人 家の光協会
　　　　〒162-8448　東京都新宿区市谷船河原町11
　　　　電話　03-3266-9029（販売）
　　　　　　　03-3266-9028（編集）
　　　　振替　00150-1-4724
印刷・製本　株式会社東京印書館

乱丁・落丁本はお取り替えいたします。
定価はカバーに表示してあります。

©Yuka Ohashi 2018 Printed in Japan
ISBN 978-4-259-56579-4 C0077